妈妈不急不躁，陪孩子写作业

刘漠／著

哈尔滨出版社
HARBIN PUBLISHING HOUSE

图书在版编目（CIP）数据

妈妈不急不躁,陪孩子写作业 / 刘漠著. —哈尔滨：
哈尔滨出版社，2020.12
ISBN 978-7-5484-5685-8

Ⅰ. ①妈… Ⅱ. ①刘… Ⅲ. ①家庭教育 Ⅳ. ①G78

中国版本图书馆CIP数据核字（2020）第210995号

书　　名：**妈妈不急不躁，陪孩子写作业**
MAMA BUJI-BUZAO, PEI HAIZI XIE ZUOYE

作　　者：刘　漠　著
责任编辑：尉晓敏　李维娜
责任审校：李　战
封面设计：胡椒书衣

出版发行：哈尔滨出版社（Harbin Publishing House）
社　　址：哈尔滨市松北区世坤路738号9号楼　　邮编：150028
经　　销：全国新华书店
印　　刷：天津旭非印刷有限公司
网　　址：www.hrbcbs.com　　www.mifengniao.com
E－mail：hrbcbs@yeah.net
编辑版权热线：（0451）87900271　87900272
销售热线：（0451）87900202　87900203

开　　本：710mm×1000mm　　1/16　　印张：16　　字数：215千字
版　　次：2020年12月第1版
印　　次：2020年12月第1次印刷
书　　号：ISBN 978-7-5484-5685-8
定　　价：48.00元

凡购本社图书发现印装错误，请与本社印制部联系调换。　服务热线：（0451）87900278

现在听家长们说得最多的，应该就是——"陪孩子写作业简直就是'噩梦'。"

很多父母都抱怨，自己花费了大量的时间和精力陪孩子写作业，结果却发现不但孩子的学习成绩没有进步，而且亲子关系也不和谐了。父母希望孩子认真、高效地完成作业，孩子却马虎、磨蹭、三心二意，于是乎，父母开始唠叨、责骂孩子，甚至体罚孩子。

敢问哪位父母在辅导孩子写作业的过程中，没有咆哮过？有风趣的父母曾说过："只要辅导孩子写作业，我的血压必达180。"的确，如果孩子没有养成良好的学习习惯，那么父母辅导孩子写作业就如同是在与孩子进行"较量"，也就是与孩子的坏习惯在较量。

教育专家们经常习惯性劝说父母要"控制情绪"，但更为重要的是，父母应当找到控制自己情绪的方法，必须学会深层挖掘孩子的一切不良心理，找到孩子"厌学""拒学""迟学"的根源，才会有计可施。

父母陪伴孩子写作业并不是都能发挥正面作用，一旦走入误区，陪伴将变得毫无意义，甚至适得其反。所以，父母在辅导孩子学习的道路上，一定要避开"雷区"，并掌握技巧。

其实，高效陪伴孩子写作业是为人父母应该掌握的一项技能，毕竟都需要经历孩子上学的过程。而在这个过程中，父母的责任也是不可或缺的。善于高效陪伴孩子写作业的父母，会将这种陪伴当作一种"亲子互动"——孩子积极主动写作业，并自查自改，父母再查再签字即可，可谓是一气呵成，滴水不漏。而这种状态，也正是所有父母期望的陪伴状态。

那如何让孩子做到自主学习？如何让孩子做到自律？如何让孩子能够自我管控？父母要在陪伴的过程中，给予孩子正确的引导，让孩子从内心意识到"学习是我自己的事情""我有自己的学习计划""我会管理自己的时间"。热爱学习的内心往往是促成孩子进步的关键所在。只有养成了良好的学习习惯和学习作风，孩子的学习才会如虎添翼。

笔者希望本书内容能帮助父母"情绪稳定"地陪伴孩子写作业，并学习到一些正确引导的技巧。

聪明的父母都善于通过对孩子进行情感引导，让孩子避开不良情绪对学习的干扰，并且能真正走进孩子的内心，让孩子愿意将遇到的困惑和不解都展现在父母面前。此时，父母的陪伴不仅可以帮助孩子以最佳的状态来进行学习，更能够让亲子关系变得和谐与亲密。

目 录

第一章

陪孩子写作业，你为何而咆哮？

孩子不爱做作业

在网上有一段短视频，有着近百万的点赞量。内容大致是这样的：

一位妈妈接孩子放学回家，在路上对孩子说："回家先写作业。"孩子回到家后，先是吃零食，吃完零食之后妈妈又说："喝点水，喝完水写作业。"但一直到晚上九点，孩子还没有坐到书桌前写作业。此时，妈妈的情绪爆发了，大声咆哮起来："你怎么就知道玩，都九点了还不写作业！"孩子才磨磨蹭蹭地走到书桌前，拿出书本，慢吞吞地开始写作业。

想必，许多父母都遇到过这样的情况。孩子放学回到家，第一件事不是坐下来认真写作业，而是抗拒写作业，甚至对写作业的态度是不屑一顾的，于是家长就忍不住地生气、咆哮。孩子为什么会出现不爱写作业的状态？解决方法又是怎样的？

1.作业有难度，孩子在内心不愿意面对

有些孩子在写作业的时候，对于某科作业或者某类作业有抵触心理，而产生抵触心理的原因，则是他们不擅长这些作业。因此，每当面对这些作业时，内心就会产生抵触，出现一个声音"等会儿再做吧"，甚至产生恐惧，而不愿意主动地去做。

那么，应对这一类不爱写作业的情况，父母就需要帮助孩子去分析不会做作业的原因到底是什么。是上课没好好听讲，还是上课内容没听懂？如果有必要，父母可以帮助孩子去理解知识。不仅如此，父母还要告诉孩子，学习上遇到困难，要及时向老师或者父母求助。

2.偏科导致作业不会做

在现代教育过程中，偏科的孩子有很多。他们可能因为喜欢某个科目老师的教学方式，而喜欢这个科目，那么在做这个科目的作业时，便积极主动。而对于自己不喜欢的科目，对待作业也是被动的，甚至是抗拒的。

对于偏科的孩子，父母首先要帮助孩子改变偏科的状态。对于孩子不擅长的科目，父母有必要帮助孩子"入门"。

3.孩子的天性——贪玩

不可否认，很多孩子不爱做作业是因为作业"占用"了玩的时间，但贪玩也是孩子的天性。那么贪玩的孩子不爱写作业的根源问题是什么呢？主要是他们没有从写作业的过程中感受到"乐趣"，认为写作业是一件十分无趣的事情。

父母可以跟孩子一起制定玩与学习的规则，比如19点至20点是写作业时间，20点至20点30分是看电视时间，相信孩子逐渐能够找到玩与学的平衡点。

4.叛逆心理在作祟

有些孩子不一定是不想学习，而是出于叛逆心理，而这种叛逆心理来源于父母和老师。当父母不厌其烦地唠叨孩子"赶紧写作业"时，当老师频繁批评孩子"没有进步"时，孩子的内心便逐渐对写作业产生了抵触心理。

有些父母总喜欢用"喊叫"的方式与孩子进行沟通，比如，当孩子拒绝写作业的时候，父母就会生气地说："你本来就笨，还不好好写作业。你看看你们班的×××，人家学习那么好，放学的第一件事就是写作业。"其实，父母的这种表达往往会让孩子对做作业产生更强烈的抵触心理，更不可能让孩子爱上学习。因此，父母要学会正确的表达方法，不要总是"咆哮"，更不要让孩子认为"父母只在乎是不是写了作业"。父母要想让孩子"爱"上写作业，就要学会分析孩子为什么不爱写作业。是不爱写所有的作业，还是不喜欢做某科目的作业。只有当父母了解到孩子不爱写作业的真相之后，才能找到"对策"和方法。

有教育专家认为，"逼得越紧，孩子越不喜欢学习"。从孩子的叛逆心理来讲，是可能出现这类问题的。但并不是说，要父母放任孩子不管，因为放任不会换来孩子认真做作业的态度。

父母除了要及时发现孩子的叛逆心理，也要提前做好应对的准备。在孩子出现叛逆心理时，父母千万不要无休止地抱怨孩子，要学会站在孩子的角度思考问题，让孩子知道父母是理解自己的。

对于大部分孩子来讲，自控能力还不够，甚至很差，需要父母和老师的督促与监督，才能完成作业，才能在学习上取得好成绩。因此，父母一定要掌握"催促"孩子写作业的方法，让孩子心甘情愿地去写作业。

做作业磨蹭

在孩子的学习方面，很多父母认为，学校教育到位就可以了，家庭教育对孩子的学习没有太大的影响。其实不然，"父母是孩子的第一任老师"，家庭教育对孩子的成长非常重要，父母的一言一行都会对孩子产生言传身教的作用。因此，当父母发现孩子做作业磨蹭时，不妨反思一下自己在生活中是否也有磨蹭的习惯。

孩子的学习一直是父母最关心的问题，而写作业时的各种问题也困扰了众多父母。大部分孩子做作业都缺少主动性，即便父母催了又催，孩子仍旧磨磨蹭蹭。特别是在放学之后，父母希望孩子到家的第一件事就是自主写作业，而孩子则想先玩会游戏，看会电视，恨不得到睡觉时间了才写作业。久而久之，孩子就养成了不爱写作业，写作业拖沓的习惯。

父母都希望孩子能改掉做作业磨蹭的坏习惯，却感到无从下手。其实，父母首先要分析清楚孩子做作业磨蹭的原因。

1.写字太慢

在书写速度上，不同的孩子是快慢不同的。有些孩子写字的时候很认真，书写也很工整，但是速度很慢，可能经常会出现这样的情况：半个小时前在写语文作业，再过半个小时去看，依旧在写语文作业。

如果是由于写字速度太慢导致的写作业拖延，父母就要分析是什么原因造成孩子写字速度慢的。比如，有些孩子的协调能力可能比较差，他们的观察能力不够强，别人能够同时看三个字，并书写下来，而这些孩子一次只能记住一个字的结构。因此，可以对孩子的观察能力和协调能力多进行培养。先训练孩子看一笔写一笔，再到看一个偏旁写一个偏旁，最后到看一个字写一个字。当孩子的观察能力和协调能力提高了，写字速度也就相应提高了。

2.专注力缺乏

大部分写作业慢的孩子都是喜欢边写作业边玩，不是玩旁边的玩具，就是摆弄手里的笔或者橡皮擦。因为无法专注于写作业这件事情，所以写作业的时间被拉长。

面对孩子专注力差的情况，父母不能一味地催促，更不能吼骂孩子。此时，不妨带孩子去专业的门诊看看孩子是否存在注意力缺陷，或者患有多动症的情况。除此之外，杂念也是影响孩子专注力的主要因素之一。要想让孩子能够认真高效地完成作业，就要让孩子减少杂念。

帮助孩子减少杂念的方法其实很简单，就是为孩子保持一个简单而平静的生活环境。在家庭环境中，父母尽量不要给孩子过多的压力，减少对孩子的说教，因为说教多了，孩子的内心势必会有压力，这会让孩子无法轻松地去面对学习。

在一档采访节目中，主持人问一位初中生："你最害怕的事情是什么？"

这位初中生毫不犹豫地回答："放学回家写作业。"

主持人继续问道："为什么？"

初中生回答："因为太压抑了。"

"为什么会感觉压抑呢？"主持人很不解地问道。

初中生回答道："每次回家写作业，妈妈都会坐在我的旁边，监督我做作业，我稍微有一点写得不对或者不好，妈妈就开始吼我。我思考问题，写的速度慢了，她也吼我。要知道，这个速度是我的速度，她总是习惯让我按照她的速度去完成作业。"

通过这个案例可以看出，当父母给孩子营造压抑的气氛时，孩子的内心是紧张的，甚至会导致孩子分心。因此，父母试图通过不断督促、催促的方式来改变孩子写作业拖沓的情况，是不明智的做法。

很多父母可能要问了，既然督促、催促孩子写作业的方法不可取，那么要如何帮助孩子去提高写作业的速度，避免孩子磨蹭呢？其实，父母可以运用"激将法"，让孩子自己去提高做作业的速度。例如，父母可以和孩子一起制订一个时间表。当然，前提是获得孩子的同意和认可。时间表上要写明具体的时长，比如，数学作业要用多长时间完成，语文作业花费多长时间，每天在几点之前必须写完作业，等等。运用时间表约束孩子写作业的速度，要注意的一点是，因为每天的作业量不同，难度也有所不同，父母要根据实际情况对时间表做出调整。这样伸缩有度的时间安排，才能合乎实际，起到"鼓动"孩子去认真、高效地完成作业的作用。

做作业磨蹭的孩子往往还有一个特点，即没有紧迫感。他们总是觉得有的是时间去写作业，于是便等等再等等。面对孩子这样的做法，父母应该给孩子建立正确的时间观念，让孩子了解时间的宝贵和浪费学习时间去玩会造成的后果，让孩子意识到问题的严重性。

　　有的父母可能会说了，孩子根本不会听父母的，如果父母不多催促几次，孩子更不会去写作业。面对这样的情况，父母可以先给孩子讲明道理，提前告知孩子不完成作业的后果，甚至可以让孩子"体验"一次后果，比如，不完成作业到了学校会遭到老师的批评。孩子便会出于"面子"难堪，再也不敢不及时完成作业了。

　　写作业磨蹭是很多孩子的"通病"，父母不要认为只要自己监督孩子、督促孩子，孩子就能不磨蹭。其实，父母不断地催促，会让孩子习以为常，甚至失去督促的效力。所以，首先分析清楚孩子写作业磨蹭的原因，然后根据不同的原因采取不同的应对方法，只有这样才能真正地帮到孩子。

注意力不集中

《小猫钓鱼》的故事想必父母们都听过：一只小猫在河边钓鱼，看见蝴蝶在翩翩起舞，便放下鱼竿去追蝴蝶，待小蜻蜓飞过，小猫又开始追蜻蜓。钓鱼三心二意的小猫，最终一条鱼也没钓到。

在现实生活中，有些孩子写作业就像"小猫钓鱼"一样，书本摆在学习桌上，写作业还没十分钟，先是渴了，又是饿了，等会儿上厕所，等会儿发呆……做作业时三心二意，一不留神就被周围的事物吸引，注意力不自觉地就发生了转移。久而久之，陪伴孩子学习成了父母最头疼的事情。

想要改变这种做作业不专心的状态，父母需要了解哪些因素会影响到孩子的注意力。

1.生理因素

科学家对人的注意力进行了研究，发现孩子的年龄及身体发育会影响到注意力集中的时间长短。比如，年龄在5岁至6岁之间的孩子，注意力集中的时间为10分钟至15分钟；随着年龄增长，孩子到了10岁，注意力集中的时间能延长到20分钟；当孩子到了12岁的时候，大致可以保持30分钟集中精力做一件事情。当然，所说的集中注意力做的事情是指需要大脑认真思考的事情，比如做作业。

父母要根据孩子的年龄阶段和注意力集中时间的长短来要求孩子，比如，不要奢求一个7岁的孩子能够连续一两个小时去专注做作业。因此，要根据孩子的年龄来制订相应的学习时间安排，在适当的时间安排休息时间。这样做有助于孩子大脑的放松，也有助于作业的高效完成。

2.情绪因素

随着孩子的成长，他们对外界是有情绪反应的。当孩子受到负面情绪的影响时，注意力自然也是不容易集中的。比如，孩子在生气的时候，你让他去做作业，他们往往无法集中注意力。因此，当孩子出现焦躁、伤心、生气等负面情绪的时候，父母不要急于让孩子去写作业，首先要帮助孩子化解内心的不适，然后再要求孩子全身心地投入学习当中。

张小雨是先天性近视，因此，从他记事起就戴着眼镜。上小学时，班级里就他一个人戴眼镜，于是班里几个调皮捣蛋的同学，私底下给张小雨起了个外号，叫他"四眼怪"。

虽然张小雨知道别人私下议论自己，但是他也没因为这件事情而生气。有一天，那些调皮捣蛋的同学故意将张小雨的眼镜藏了起来，而张小雨因为没戴眼镜，一不小心被凳子绊倒，坐在了地上，惹得班上同学都哈哈大笑。

事后，老师批评了那几个调皮的同学，但是张小雨的心里十分不开心。回到家之后，他还沉浸在这件事情中，坐在学习桌前，默默地发呆。老师布置的作业，张小雨根本没有心情去做。

妈妈看到张小雨的状态，在了解了事情的经过之后，开始劝导他，并告诉他，妈妈会与老师沟通，避免以后发生类似的事情。张小雨得到了妈妈的理解和开导，内心渐渐恢复了平静，才开始投入学习中。

3.身体因素

所谓身体因素，指的是身体健康方面。当孩子身体出现不适时，自然会影响到学习的注意力。比如，当孩子感冒了，出现鼻塞、咳嗽等症状，这个时候孩子是很难将全部精神投入到写作业当中的。

当父母发现孩子身体不适时，应该先帮助孩子尽快恢复身体健康。在孩子生病期间，写作业的时间设置要灵活一些。

4.环境干扰因素

其实，不管是孩子还是大人，在做一件事情的时候，是很容易受到外界环境的干扰的。所以，当孩子在学习的时候，如果周围环境是嘈杂的，那么孩子很容易转移注意力。比如，孩子在写作业的时候，有人在旁边看电视，可想而知，电视会干扰到孩子的注意力，而孩子自然而然地会将注意力转移到电视上。因此，父母应该给孩子创造一个相对安静、简单的学习环境，尽量避免对孩子进行人为的干扰。

另外，在孩子写作业的时候，不要用一些有诱惑性的事物来打断孩子的注意力。

炎热的中午，小新正在家里写作业。看到天气很热，妈妈心疼小新，于是给他切了一盘水果，让他一边吃水果一边写作业。可想而知，小新的注意力自然无法再集中在写作业上了。

在孩子写作业的时候，父母要保证不要随意去打断孩子的注意力。再者，学习是一个慢反馈的过程，孩子需要一个字一个字地写，父母在陪着孩子写作业时，也不能在孩子写一个字之后就告诉他这个字写得对不对。

除此之外，还有一些孩子之所以在写作业时注意力不集中，是因为他们的思维过于活跃。这类孩子通常十分聪明，也正是因为他们聪明，才不易控制自己的情感，这就是我们为什么说"聪明的孩子容易不专注"。

如果是因为思维活跃而造成无法控制自己的情感，那么父母平时在生活中，可以通过让孩子做一些重复而耗时的活动或者事情，来锻炼孩子的专注力，拉长孩子注意力集中的时间。比如，让孩子帮忙择韭菜，虽然这是一项简单的活儿，却需要孩子踏踏实实地专注其中才行。

一不留神就玩手机

作为父母，你是否也有这种困扰？

莉莉放学回到家，坐到书桌前，将书本摆放在桌子上，妈妈以为她是在学习，但走近一看，发现她在玩手机。妈妈大声吼道："赶快写作业，不准玩手机了！"

莉莉极不情愿地将手机收起来，开始写作业。过了一会儿，当妈妈蹑手蹑脚地走到她身后，果然不出所料，她又在偷偷地玩手机。此时，妈妈冲着莉莉便是一顿吼："刚才我说什么了，让你写作业，你就知道玩手机……"

现如今，网络已经很发达了，越来越多的孩子在婴幼儿期就开始接触电子产品，特别是最常见的手机，成年人几乎是人手一台。不仅如此，很多时候学校布置作业也是通过网络，在线上进行信息的发布。孩子在学习的过程中，接触手机是在所难免的事情。但是，如果孩子沉迷于手机游戏，父母就要当心了。

孩子为什么喜欢玩手机？其实，我们先不说孩子为什么喜欢玩手机，现在有很多成年人都沉浸在玩手机上。由此可见，手机里无论是游戏还是其他某些APP，诱惑性很大，成年人都无法抵挡其诱惑，更何况孩子呢。

我们不妨再思考一下，为什么人们无法抵挡手机的诱惑？其实，原因很简单，手机能够让人们暂时享受快乐和摆脱压力。对孩子而言，手机能够让他们忘记学习带来的压力，让他们感受到游戏中的快乐。即便是用手机看动画片，他们也能够暂时沉浸在动画片的欢乐中，从而忘记现实中学习的紧张感。因此，并不是手机不好，而是手机中一些游戏和APP能够让孩子感到彻底放松。

在网络发达的现在，我们做任何事情似乎都离不开网络。比如，孩子上网课，只要通过网络，借助手机，孩子就能够在线上进行学习。但是，对于自律性差的孩子来讲，他们在上网课的同时，会不由自主地去翻看其他的软件，比如玩游戏、看动画片、看某个社交APP，等等。

为什么孩子会沉迷于手机呢？有一部分原因是，他们感觉到"无聊"，或者是"孤独"。当孩子回家之后，父母可能有自己的事情要做，根本没有与孩子一起互动的亲子时光，也根本不会去找孩子谈心。还有部分孩子又是独生子女，在家里根本没有玩伴，这就导致孩子想要去玩手机，毕竟手机上有游戏、有动画片，等等。

手机上的一切事物对于孩子来说都是新颖的，能够满足他们的好奇心。因此，有些孩子便喜欢玩手机，甚至因为沉迷手机而耽误学业。

对于父母来讲，当你发现孩子总是沉迷手机的时候，你该怎么做？没收孩子的手机？对孩子进行惩罚？我们不妨可以用下面的方式来处理。

1."度"的把握

当父母发现孩子喜欢玩手机的时候，先不要急于责备孩子，而是要了解孩子在手机上的关注点是什么。如果孩子玩的是对学习毫无帮助的游戏，那么父母可以与孩子进行沟通，比如，允许孩子在写完作业之后玩20分钟游戏，等等。

只要孩子没有超过父母要求的那个"度"，就可以允许孩子适当地玩一会儿手机。

2.内容的把握

手机上的网络信息十分复杂，对于孩子来说，我们要保证他们接触的信息是积极向上的，至少是安全健康的，因此，父母要了解孩子玩手机所接触的内容是否健康。

那么，在了解了孩子玩手机所接触的内容是健康的之后，可以给予孩子一定的空间，让孩子在做完作业或者是学习完毕之后，玩一会儿手机。

3.多陪伴孩子

还有一些孩子不是因为手机好玩才沉迷手机，而是因为没有人陪伴，觉得很孤单，才会借助手机来打发时间。

因此，父母要利用空闲时间多陪伴孩子，多带孩子外出活动，适当地陪孩子做运动。这样既能加强亲子关系，也能够强健孩子的体魄。

当孩子感觉父母陪伴自己是更有意义的事情时，他们便会主动地放下手机。

在孩子沉迷手机这件事情上，很多父母是急躁的，甚至认为只要孩子看手机就肯定是在玩，肯定会影响学习，甚至学坏，于是，父母看到孩子玩手机就会毫不客气地批评和吼骂孩子，甚至会抢夺手机、没收手机或者把手机藏起来。

但是，别忘记了，孩子对自己不了解的事情的好奇心是最强的。当父母越不希望孩子接触手机时，孩子的内心就越渴望玩手机。因此，有些孩子一旦抓住了玩手机的机会，便会变本加厉地去玩。

其实，只要不影响学习，让孩子适当地接触手机也没有坏处，毕竟手机上也有有益的内容，比如，学习类APP，孩子可以通过这些APP学习到更多的知识。

在某社交软件上，有一款小游戏——成语接龙，而这个游戏主要是锻炼孩子对成语的掌握程度，让孩子在玩的过程中，能够学习到更多的成语。

小夏是一位小学生，很喜欢玩这款小游戏，当她妈妈知道她经常偷偷地玩这款游戏之后，便跟小夏约定好，只要小夏完成作业，一直到晚上9点睡觉之前，小夏都可以玩这款游戏。为了避免影响小夏的视力，她还规定，小夏玩15分钟手机就得休息5分钟。

为了能够多玩一会儿这款游戏，小夏放学回家第一件事便是写作业，她会尽量高效地完成作业，然后开始按照母亲的要求执行：每玩手机15分钟，便休息5分钟。当然，小夏掌握成语的数量也比同龄小朋友要多。

其实，手机本身并没有坏处，但是因为手机上有很多APP，所以父母要帮助孩子甄别APP的内容，让孩子尽量避免接触会影响学习和身体的APP。另外，父母要与孩子多沟通，多陪伴孩子，帮助孩子合理安排学习时间和玩手机的时间。

马虎大意，题题错

现在的孩子都聪明，没有很笨的。其中有部分孩子属于很聪明的类型，老师教授的知识很快就能掌握。但是，这类孩子在做作业或者考试的时候却很容易出错。对于错题，他们又表示自己其实会做。这马虎大意的毛病让很多父母感到苦恼。

张老师是三年级一班的班主任，在他的班级里，有一名学生非常聪明，无论多么难的知识点，只要老师讲一遍，他就能够理解透彻。但是，每次考试他都不能考取满分。张老师还发现，在日常的作业中，简单的题目他反而容易出错，有难度的题目却能够全部做对。

要想让孩子不再因为马虎大意而做错题，父母就要分析清楚孩子马虎大意的原因。首先，了解孩子的性格。有些孩子是急性子，这些孩子做事情追求速度，他们想要第一时间做完作业,然后有更多的时间去做喜欢的事情。其次,了解他们对知识的掌握程度。有些知识其实孩子掌握得并不够熟练,但是他自认为已经掌握透彻了,从而产生了"轻敌"的思想,于是做题时容易出现马虎大意的行为。

在对孩子马虎大意的原因分析之后,父母要有针对性地帮助孩子改掉这种坏习惯。

1.每个学科都制作错题集

无论哪个学科,只要是做错的题,父母就可以让孩子将错误的题抄在错题本上,久而久之就形成了错题集。这种方法可以帮助孩子在错题集中找出做错题的原因,也有助于孩子发现自身存在的问题,从而改掉马虎大意的坏习惯。

姗姗妈妈发现姗姗平时做作业很马虎,便要求姗姗将每天做错的题誊抄在一个错题本上,然后每周六晚上对本周的错题进行回顾,再将错题重新做一遍。

这样坚持做了半年时间,姗姗妈妈发现姗姗的错题本用得越来越慢,错题也越来越少。

2.对于一些需要计算的问题,鼓励孩子做"清楚"的草稿

比如,当孩子做数学题的时候,需要借助草稿纸去进行计算,那么父母可以教会孩子打草稿的方法,而且将草稿做整齐。一方面,这样做有助于孩子在查找错误时可以进行草稿检查,及时地发现错误。另一方面,孩子不会因为草稿太乱而得出错误的答案。

3.限制孩子使用修改工具

我们知道,当孩子在写错之后,会使用橡皮、修正液等修改工具进行修改,

但是频繁地使用修改工具会让孩子认为，做错题不要紧反正能够进行修改，这样很容易形成马虎大意的习惯。

因此，父母可以限制孩子使用修改工具，这样一来孩子慢慢地就会养成"三思而后行"的习惯，从内心深处避免出现失误，会争取一次性做对。

4.让孩子学会对作业进行自检

很多父母总是害怕孩子做错题，于是习惯性地在孩子做完作业之后第一时间帮助孩子进行检查。其实，父母这种"越俎代庖"式的辅导作业，会让孩子产生一种心理：我做完作业就行，反正爸爸妈妈会帮我进行检查，有错题再改就行了。这种心理是一种侥幸心理，也是一种自我放松心理，很容易让孩子形成马虎大意的习惯。

父母应该让孩子自己检查作业，这样一来孩子会意识到做错题还得花更多的时间去进行改正，其工作量远远超过一次做对。于是，孩子就会在写作业之初就认真地去对待。

5.让孩子受一次打击，帮助他意识到马虎大意的危害性

在孩子做完作业之后，父母如果发现有错误之处，而孩子自己又没检查出来，不妨先不要急着指正。当孩子面对老师的批改，看到大大的错号，受打击之时，父母只要告诉孩子，这就是马虎大意的结果，孩子就会下意识地记住这次教训。

对于孩子做错题的现象，父母不可只认为是因为孩子马虎大意了，有时候还是因为孩子对知识点掌握得不够透彻所导致的失误。因此，父母一定要了解清楚孩子对于知识点的掌握程度，帮助孩子巩固好知识点内容。

其实，在写作业的过程中，没有孩子是永远不会出错的。当父母发现孩子因

为马虎大意出错之后，不要急着指责孩子，更不要对孩子大吼大叫，这对于改掉马虎大意的毛病是没有帮助的。父母应该去分析孩子马虎大意的原因，找到帮助孩子改掉坏习惯的方法。

另外，父母在辅导孩子写作业的过程中，会发现孩子可能在做题速度提高之后出错率也高了，这种高速但不高效的方式也是不可取的。父母应该告诉孩子不要单纯地追求速度，而忽视了做题的质量。毕竟反复修改更加占用时间，而且，反复修改也不利于克服马虎大意的坏习惯，应鼓励孩子一次性将题做对。

你说他，他怼你

在现实生活中，为人父或为人母的你是否经常会经历下面这一幕：

妈妈：你今天的作业怎么做得这么乱？自己的作业能不能上点儿心，总想着玩。

孩子：哪儿乱，我感觉不乱。

妈妈：你看你们班欣欣，人家那作业写得多规范，字也写得漂亮。你再看看你写的，乱得跟一团蚂蚁似的。

孩子：她写得好，那你让她当你闺女呗。

妈妈：你这孩子，怎么说话呢？我的意思是，你也跟人家学学，把作业做工整了。这还不是你自己的事吗？妈妈是为了你好。

孩子：让我跟她学？你怎么不跟她妈妈学啊，人家妈妈还是老师呢。

妈妈：……

在生活中，父母经常会与孩子有这样的交流场面，而孩子的反驳也是句句强硬。那么，孩子为什么会"怼"父母呢？

对上述例子进行分析可发现，首先，妈妈在与孩子聊天的过程中，触碰到了孩子的心灵底线。我们都知道，所有人，包括成人，都不喜欢长辈的"比较"，"你看看×××，人家多么优秀"……这样的话语是对孩子自尊心的一种伤害，也是所有孩子都不喜欢的一种交流方式。

其次，"妈妈都是为了你好"。父母很多时候可能是真的为了孩子好，而孩子也知道父母是为了自己好，但是父母将这句话挂在嘴边，无疑就是时刻在提醒孩子，让孩子时刻存在内疚感——只要表现出一点的不同于父母想法的行为都是对不起父母的。这种话语会增加孩子的心理负担，也是孩子产生反抗、叛逆心理的原因之一。

最后，父母嘴里的"你总想着玩"，是对孩子的全面否定，否定了孩子对学习的付出，否定了孩子的"劳动成果"，这自然会让孩子十分反感。

父母在陪伴孩子学习的过程中，一定要学会与孩子进行交流的方法。很多父母认为，孩子是自己的孩子，与孩子交流根本无须讲究方法。这种思想显然是不对的。哪些话适合说，哪些话不适合说，怎样说才能让孩子接受我们的思想和建议，这些都是父母跟孩子在交流时需要思考的问题。

另外，父母还要考虑孩子年龄与生长阶段等方面的因素。比如，当孩子处在叛逆期，那么父母除了要考虑与孩子的交流方式之外，还要注意给孩子足够的空间，不要总是唠叨孩子和逼迫孩子，等等。

其实，对于孩子来说，很多时候他们不是不愿意听取父母的建议，只是他们也有自己的想法，也希望父母听听他们的想法。因此，父母如果不想让孩子怼怼自己，就需要了解孩子的想法。

1.不要触碰孩子的底线

孩子是需要被尊重的。当父母在与孩子交流的时候，要将孩子看作一个独立的"人"来对待，而不是看作自己的"物"。

比如，当父母发现孩子在写作业时偷偷玩游戏，父母不要在收了孩子的手机后，还对孩子大声嚷嚷："你要不要脸，不让你玩游戏，还自己偷偷玩。"

很显然，这样的话是很伤孩子自尊心的。在面对父母这样的指责时，孩子肯定会十分恼火地怼父母。

2.不要抓住孩子的"小辫子"不放

孩子出错、犯错是一件很常见的事情，而当父母发现孩子出错之后，可以指出错误，但是当孩子认识到错误之后，父母就不要再不停地唠叨或者批评了。否则，孩子会产生反感，甚至会拒绝与父母正面交流。

3.父母要相信孩子

很多时候，孩子会怒怼父母，是因为父母总是在质疑孩子——对孩子说的话或者是做的事情不够信任。孩子就会认为，反正自己做得再好，父母也不相信自己，从而产生抵触心理。

因此，父母要想与孩子进行良好的交流，首先要相信孩子。只有让孩子感受到来自父母的信任，他们才会愿意与父母好好地交流。

倩倩妈妈发现倩倩由于写作业时不认真，到了晚上11点还没做完作业。于是，她开始指责倩倩："做作业时磨磨蹭蹭的，现在可好，十一点了还没完成作业。"

倩倩："妈妈，我以后不拖沓了。"

妈妈："你嘴上是这样说的，但是明天做作业的时候，肯定又开始边写边玩了。"

　　倩倩："我明天肯定认真写作业，写完再玩。"

　　妈妈："信你才怪。"

　　倩倩："你不信拉倒，反正我说什么你都不相信我。"

　　妈妈："即便你明天认真写作业，不出三天，你又会开始边写作业边玩。"

　　倩倩："你爱怎么想就怎么想吧。我明天也边写作业边玩。"

　　从上面的例子可以看出，孩子原本已经意识到自己的错误了，但是妈妈的不信任导致母女两个人的谈话最后以不愉快而结束。因此，要想让孩子听从自己的意见或者建议，父母要做到相信孩子，不要总是质疑孩子。

　　有些父母说："我简直无法和孩子交流沟通，一说就来气，甚至想要揍他。太不听话了，我说一句，他能说两句。"当父母与孩子进行交流时，孩子如果不听从父母的意见或者建议，不能按照父母的要求去做，那么很多父母便会向孩子"咆哮"，大声责骂孩子调皮、不听话等。而孩子也十分不理解父母，反而认为是父母不够理解自己，所以他们不情愿听从父母的"指挥"，甚至会发起反抗。

　　面对这种情况，父母就需要分析导致自己与孩子的交流出现冲突的原因，也要了解孩子真正最在乎的是什么，从而找到最舒服的沟通方式，避免出现"大人怒，孩子哭"的场景。

你说你的，他玩他的

作为家长，你是否经历过自己对孩子说的话，孩子当耳旁风的情况，不管你说什么好像都跟他没关系，对他也没什么影响。即便父母指出了孩子可能存在的错误，孩子还是会按照自己的想法去做，然后父母便开始唠叨孩子不听话，甚至会冲孩子大发脾气。

父母希望孩子能够记住自己所说的所有为他"好"的话，并按照这些话语去做事情。尤其是在学习方面，父母总是爱以过来人的身份自居，然后希望将自己的经验、教训都传递给孩子，让孩子顿然领悟并反省，以避免走弯路。

然而，很多时候，孩子对父母的善意并不领情，甚至不愿意去聆听父母的话，认为父母的话都是多余的，有些孩子甚至连假装听都不愿意。而父母看到孩子的"不领情"，总是会很气愤，甚者对孩子大打出手。

习惯于将大道理挂在嘴边的父母，往往得不到孩子的理解。而孩子不喜欢父母讲大道理，因此，常常是父母说自己的，孩子玩自己的。

那么问题来了：如果你的孩子也是以这种态度来对待你的"说教"，你要如何做呢？

1.减少唠叨

当孩子不愿意听道理的时候，你说再多也无用。

此时，你不妨停止唠叨，能说一句的说半句，能说两句的说一句。当孩子感觉到你对他的唠叨减少，不再将重心只放在他的学习上时，他的内心会感受到你的改变，甚至会主动寻求你的意见和建议。

2.同一问题不要每天都重复

如果你希望孩子放学回家之后第一件事就是写作业，第一天当你说"回家先写作业"，孩子按照你的要求做了；第二天，你又强调"回家第一件事就是写作业"，孩子按照你的要求做了；第三天，你还用同样的语言去要求孩子，孩子的内心可能就产生了反感。久而久之，孩子会对原本认可的话语产生反感，甚至产生叛逆心理。因此，同样的道理不要天天说，很多事情孩子的内心其实是明白的，父母无须频繁地在孩子耳旁重复。

3.就事论事，不要总是指责孩子

有些父母总是习惯性地指责孩子，比如，看到一则新闻说有个14岁的孩子考上了大学，父母便开始抱怨自己的孩子学习不努力，不知道上进，等等。

这样的交流方式必然会引起孩子的反感，从而让孩子不愿意听父母的所言所语。所以，父母跟孩子说事情的时候，请就事论事，不要将矛头都指向自己的孩子。

心理学家鲁道夫·德雷克斯曾经说过，"既然这样，那就让孩子'自作自受'。"当孩子听不进去建议时，不妨停止说教，这样既不会让自己生气，也不会让孩子反感。这样做也未尝不可，起码能让孩子经历一些困境，对孩子的成长也不一定是坏事。

妞妞在写作业时，妈妈对她说，要将字写工整一些，不然老师看不清楚，还可能会将她做对的题看成错题。但是妞妞认为是妈妈的要求太多，依旧按照自己的想法，潦草地做完了作业。

妈妈看到自己说话根本不起作用，于是决定不再去重复。转眼，期末考试的成绩出来了，妞妞拿着试卷，很生气地回到家。

妈妈没有急于去询问妞妞的成绩，而是问她为什么这么生气。妞妞很委屈地说："有道数学题我明明做对了，但是老师非说我的答案不正确，本来我可以得满分的，现在却只得了90分。这下可好，我从第三名一下变成了第十名。"

妈妈接着问："为什么老师非说你做错了，扣你的分数呢？"

妞妞拿出试卷，指着最后一道大题的答案说道："我写的是221，老师非说我写的是24。"

妈妈拿过试卷一看，原来孩子将"1"写到了"2"上，"2"写得也不够规范，猛地一看就是24。妈妈抱过妞妞说道："我相信你的计算答案是正确的，也相信你想写的答案是221，但是我猛地一看，也以为你写的是24。这不能怪老师，你自己再看看221能是现在书写的样子吗？"

妞妞看了看自己写的数字，嘟囔道："是我写得太快，把1写到2上面了，看起来成了4，但是我真的做对了啊。"

"的确，你本来做对了。但是，没有办法，因为你字迹潦草，使你失去了进入前三名的机会，"妈妈继续说道，"不过，如果下次你能够注意自己的字迹，我相信你可以考出更好的成绩。"

从那之后，妞妞再也没有出现过字迹潦草的现象，她充分意识到了字写得不工整会产生怎样的后果。

在生活中，大部分父母习惯用频繁说教的方式去教导孩子，然而这样"居高临下"的教导方式其实往往起不到好的效果，也得不到孩子的认可。孩子是独立的一个人，他们有自己的思想和认知，会对事物做出一定的判断。而父母又想要根据自己的经验，为孩子指明方向，并要求孩子按照自己指明的方向去学习，那就需要想办法让孩子接受。

劈头盖脸式的大声呵斥从来都不是有效的教导方式，孩子也不会认可这种方式，更不愿意接受这样的说教。因此，父母要想让孩子听取自己的建议，不妨选择一种孩子能够接受，甚至会主动接受的方式，去跟孩子进行交流。

当父母发现孩子已经不愿意听自己的"谆谆教诲"时，可以选择暂时放弃自己的"话语权"，让孩子品尝陷入困境的滋味，等孩子回过头来想起父母的教导时，就会主动求助父母。这个时候，才是父母对孩子进行教导的最佳时机。不要害怕孩子会受伤害，这要比父母频繁说教有用得多。

所以，当孩子不听父母的教导时，父母不要生气大吼，因为根本解决不了问题，也不会赢得孩子的尊重和敬畏。只有选择正确的交流方式，让孩子感受到父母的不易和真心，他们才会更愿意按照父母的要求去做。

爱撒谎，成绩不真实

网上曾经有这样一则"笑话"：

如果一张100分为满分的试卷，你只考了16分，而你又不想回家后被爸妈暴揍，想要"改分"，你最多能改成多少分？

甲学生：我可以把"1"改成"7"，最后改成76分。

乙同学：我可以把"1"改成"9"，最后改成96分。

在现实生活中，想必有父母遇到过这种情况，孩子因为考试分数很低，害怕父母的责骂、体罚，便偷偷给自己"涨分数"。父母都是从孩童时期过来的，自然了解孩子的计谋，也很容易拆穿孩子的"阴谋"，于是，父母万分恼怒，恨不得将孩子送人。

面对孩子撒谎，涂改试卷分数，父母肯定是愤怒的，但此时比愤怒更为重要的是了解"孩子为什么要这样做"。

孩子在成绩上撒谎，多半是害怕父母生气，害怕父母打骂，害怕让父母失望。孩子的这种"害怕"，不仅仅是因为孩子胆怯，也不仅仅是孩子希望逃脱责罚，更多的是对父母的一种爱。

孩子爱父母，会在成绩上撒谎？没错。我们不妨分析一下，当孩子拿到老师批改好的考试试卷之后，因为考试成绩不理想，他也认识到了自己在学习上的不足，同时，他们不想让父母失望，不想让父母生气，所以选择这种掩盖真相的方法，希望父母不会发觉，而这种掩盖真相的行为并不意味着孩子一定是在逃避责任，很多时候，他们也知道自己这种"愚蠢"的做法是会被父母发觉的。反过来讲，如果孩子不在乎父母是否会生气，不在乎父母是否会失望，他们就不会在意成绩的好坏，自然也就不会对父母撒谎了。

那么，当父母遇到孩子瞒报成绩、谎报成绩的时候，应该如何做呢？

1.如果孩子是第一次因为成绩而撒谎，父母首先要表示理解孩子的想法

从孩子的角度去思考问题，让孩子感受到来自父母的理解——即便父母发现自己撒谎了，但也理解撒谎的原因。父母这样做，要比打骂孩子强百倍。

如果孩子已经不是第一次这样做了，那么父母就要义正词严地告知孩子：这样做没有任何好处，不会改变爸爸妈妈心目中的成绩预期，还会有损爸爸妈妈心中对你的信任度。

2.孩子是有自尊心的，不是所有的情况都要直接揭穿孩子的谎言

父母直截了当地揭穿会伤害孩子自尊的谎言，对孩子认识到错误是没有帮助的。此时，父母不妨给孩子一次机会，让孩子自己承认错误，或者是给孩子改正错误的机会。

3.父母可以通过行动或语言告知孩子，即便不撒谎，父母也能够接受成绩

让孩子感觉到撒谎是毫无意义的，这样一来，孩子以后就不会再费尽心思去撒谎。对孩子来讲，其实撒谎的时候，他们也是十分紧张的，如果他们一旦感觉到父母不会因为成绩太过责备自己，那么他们也不会去经历这种没必要的紧张。

亚楠的父母对其寄予了厚望，希望他能够在学习上有所突破，但是这次小测试他因为太紧张而考砸了。他害怕回家之后面对父母失望的表情，于是，偷偷改了分数。

回到家，父母像往常一样询问考试结果，亚楠拿出试卷，递给了父母。父母看到分数后十分惊喜，认为亚楠进步不小。其实，妈妈已经看出了分数修改的痕迹，但是没有当场揭穿他。

妈妈依然表现得兴高采烈，张罗了一桌亚楠喜欢吃的饭菜。而亚楠此时的心情十分复杂，他庆幸父母没有发现真相，同时，又觉得十分内疚。

在饭桌上，妈妈对亚楠说："孩子，我知道这段时间你的学习压力很大，爸爸妈妈也看到了你的努力。这次考试你的成绩不错，但是妈妈想要告诉你，不管你的考试结果如何，爸爸妈妈都觉得，只要你努力了就是最值得庆祝的。"

从妈妈的话中，亚楠感觉到了妈妈对自己的理解。也正因为如此，他更觉得内疚了。饭后，亚楠回到自己的房间，越想越觉得自己不该对父母撒谎，但是他依旧没有勇气向父母坦白真相。

这件事就这样过去了。眼看期末考试来临，亚楠更加努力了。考试成绩出来了，这次他名列前茅。他高兴地将试卷拿回家，父母看到成绩也是十分欣喜。此时，他将上次改分数、撒谎的事情告诉了父母，还说道，自己已经意识到错了，以后再也不会欺骗父母了。自然，父母也原谅了亚楠。

通过这个案例不难看出，孩子在撒谎之后，很多时候内心是煎熬的，他有意识到自己的错误所在。作为父母，揭穿孩子的谎言，指责孩子，甚至惩罚孩子，并不一定会起到好的效果。只有选对处理方法，才有助于孩子认识到错误。

当孩子因为一时的成绩而撒谎时，父母应该给孩子改过的机会，而不是直接否定孩子。同时，父母要善于与孩子交流、沟通，让孩子知道撒谎是不对的，即便孩子说出"真相"，父母也是会接受的。

孩子也是希望自己拥有好的学习成绩的，只是有时候会由于各种原因，出现考试失利的情况。此时，父母应该多一些耐心，给孩子多一些宽容和正确的引导，帮助孩子摆脱困境，这样才能够让孩子更有勇气去面对一时的失败，同时，让孩子更愿意主动地去学习。

专家建议

如何让男孩儿爱玩又爱学

每个孩子都渴望能够愉快地玩耍，尤其是男孩儿，他们要比女孩儿更加贪玩。父母在教育男孩儿的时候，不能杜绝孩子获得玩耍的乐趣，同时也要想办法让孩子喜欢学习。

1.陪孩子玩

孩子都希望父母能参与到自己的游戏中，此时，父母不妨多腾出一些时间来陪孩子，让孩子感觉到玩耍的快乐。

"亲子共玩"是增进亲子感情的方式之一，因此，当父母在情感上与孩子有了更好的沟通，那么在今后的学习中，孩子自然也更愿意接受父母的建议。

2.将玩耍当作一种奖励

孩子贪玩是难免的，此时，父母可以利用这一点，对孩子进行学习督促。比如，允许孩子在认真完成作业之后，出去骑自行车，等等。这样一来，孩子学习起来更有动力，也能提高学习效率。

3.给孩子戴"高帽子"

聪明的父母不会一味地批评孩子，而是会通过激将法来激发孩子的学习热情。比如，对孩子说，"你那么聪明，肯定能在半个小时内做完数学题"，"你已经长大了，学习的事自己就能很好地完成"，等等，通过这些激励的语言，可以让孩子获得荣誉感，从而自发地进行学习。

针对男孩儿的教育方法有很多，而通过这些教育方法，能够提升他们的学习热情，而且能让他们学得舒心，玩得开心。

如何让女孩儿认真又不拖延

女孩儿多半心思细腻，性格敏感，因此她们更容易受到外界的干扰，从而在学习上分心，甚至出现边玩边学的情况。这样一来，原本一个小时就能够做完的作业，她们却需要花费两个小时，甚至更久。那么，如何帮助女孩儿摆脱拖延的习惯呢？

1.时间限定法

父母可以根据当天作业的难易程度和作业量，给孩子规定完成时间，比如，数学作业半个小时做完，语文作业半个小时做完，等等。这样做可以让孩子在时间上有紧迫感，从而避免边玩边学的现象发生。

2.奖惩激励法

父母可以跟孩子商量做一个规定，比如，孩子在一个小时内高效完成作业，父母给予孩子某某奖励；但是，如果孩子在一个小时内没有完成作业，父母就会给出某某惩罚；等等。

3.让孩子体验学习拖延的后果

当父母再三要求孩子认真完成作业而于事无补的时候，父母可以任由孩子拖延，然后让孩子体验拖延完成作业的后果。在孩子体验到困了不能睡，饿了不能吃饭等后果之后，就会认真、高效地完成作业。

从心理上来讲，女孩儿容易出现思想的浮动，容易被细小的事情吸引，因此，父母要帮助孩子建立高效的学习态度，让孩子知道"学习时间就是用来学习的，玩耍时间就是用来玩的"。

血压飙升前，学会控制自己的情绪

第二章

父母陪伴孩子学习需要坚持

很多时候，父母深知"孩子的学习不是孩子一个人的事情"，也希望自己陪伴孩子一起学习，希望通过陪伴能够让孩子的学习更加精进。但是，陪伴孩子学习不是一朝一夕的事情，父母不要认为只要陪孩子学习几天，孩子的成绩就会有大的进步。

陪伴是长期的！如果父母有条件陪伴孩子学习，那么就要坚持，如同孩子坚持学习一样坚持下去。尤其是在孩子主动要求父母进行陪伴时，父母就更应该尽力去陪伴孩子。

有的父母可能会抱怨说："工作忙，下班回来还有很多事情要做，哪儿有时间天天陪孩子学习。"的确，很多父母不光要忙工作上的事情，还有生活中琐碎的事情。但是，父母要正确认识陪伴孩子学习的意义。

1.更容易帮助孩子养成良好的学习习惯

当父母将陪伴当作一种习惯时，孩子的学习也会成为一种习惯。父母是孩子的榜样，当孩子看到父母坚持陪伴自己，他们也会愿意去主动做作业。我们可以想象一下，如果我们每天一到陪伴学习的时间点就坐在学习桌前，孩子自然也会跟随大人的脚步坐到学习桌前。

2.让孩子认识到坚持的力量

父母都希望孩子有能够坚持学习的好习惯，但是单凭口头教育，恐怕孩子是不会有深刻意识的。在孩子看到父母不厌其烦地坚持陪伴之后，孩子也会形成好的习惯，会感觉作业做得更加顺畅，成绩上升得更快。同时，孩子也更能体会到坚持学习的良好习惯是多么重要。

3.坚持陪伴孩子学习，能够促进亲子关系

在生活中，父母时常会因为学习与孩子发生矛盾，久而久之，父母会发现与孩子保持正常的沟通似乎已经变得很困难。有些父母甚至发现，只要提到学习，孩子就会变得不耐烦，同样，只要孩子对学习的事有异议，父母就会"暴怒"。

这种"定时炸弹"般的沟通交流，让整个家庭变得不够和谐。而父母坚持陪伴孩子学习，能够让父母更好地了解孩子在学习过程中的思想动态，能够对孩子的内心有更深的了解。同样，孩子也能够感受到父母的良苦用心，从而更愿意接受来自父母的意见和建议。只有当父母与孩子之间产生了理解，父母才不会因为孩子一次作业没做好而暴怒，孩子也不会因为父母的唠叨而不耐烦。

4.坚持陪伴孩子学习，能让父母了解孩子的学习情况

有一位父亲看到自己的孩子学习成绩很差，当天便下决心要陪伴孩子进行学

习，但是陪伴了几天之后，他就没有再坚持了。半个月后，考试成绩出来了，他发现孩子的成绩依旧很差。

这种情况其实很常见，很多父母只是在孩子成绩出来之后，选择性地陪伴孩子学习，根本不知道孩子为什么会出现成绩差的情况。这对帮助孩子在学习上得到提升是十分不利的，只有在陪伴孩子学习的过程中了解了孩子在学习中的优缺点，才能够有针对性地帮助孩子。

每一位父母都应该是孩子最忠实的陪伴者，尤其是在学习过程中，父母的陪伴能够让孩子感觉有"底气"。很多时候，孩子在写作业的过程中，是需要来自父母的帮助的，即便孩子在课堂上认真听讲了，课后作业也不一定全部都会。因此，如果父母能够陪伴孩子，孩子在第一时间能够想到向父母求助，那么在得到父母的回应后，孩子的内心会感觉到一种安全感，从而更愿意接受父母的学习陪伴。

父母会发现在陪伴孩子学习的过程中，也是自身学习的过程。毕竟随着时代的发展，孩子的学习内容与自己学生时期接触的内容是有所不同的，如果父母将陪伴孩子学习当作一种自我知识的"重塑"，那么在面对孩子做错题、不会做的情况时，就不会表现出"暴跳如雷"了。

如果父母因为工作上的原因，不能每天陪伴孩子进行学习，也应该定期地陪伴孩子去完成作业，并经常与孩子进行沟通，让孩子知道父母时刻在关注着他。注意，千万不要给孩子一种错觉：父母只关心自己的成绩，不关心自己的学习过程。这种感觉会让孩子觉得父母只重视学习成绩，不在乎学习过程中的努力和付出。曾有这样一则报道：

一位女孩儿考上了哈佛大学，当有人问她的父母，是如何培养出这样优秀的孩子时，她的母亲说道："在过去的18年里，我的职业就是一名学生。我的工作是我的副业，而我的主业就是陪伴孩子学习，和孩子一起学习。"

通过这位母亲的回答可以看出坚持陪伴孩子学习，是促成孩子飞跃的关键一步。即便我们认为孩子能够独立完成作业，独立解决学习上的事情，但是父母也应该及时地去了解孩子的学习情况和进度，在孩子有困惑的时候，成为孩子的"好帮手"。

现如今，孩子的学习已经成为家庭的重要任务之一。父母有责任去督促孩子进行学习，同时，父母也有义务去了解孩子的学习情况。当孩子在学习中面临困惑时，父母不仅仅是让孩子学会独立解决，更多的时候是能够给孩子一定的帮助，那是心灵上的慰藉。

辅导孩子学习就是一个"渡劫"的过程，每一道难题都是孩子的"劫"，而在这个过程中，父母不能因为一两次的"渡劫"失败，而气得血压飙升，从而放弃陪伴孩子学习。

坚持陪伴孩子学习，对孩子是一种心灵上的支撑，同时，对父母也是一种自我提升。

别让你的希望成为孩子的绝望

曾看到过这样一则报道：

一位妈妈下班回到家，发现家里十分凌乱，就像是遭到了抢劫一样，而在客厅里，8岁的儿子躺在了地上，似乎已经昏迷。

妈妈赶紧拨打了120，然后将孩子抱到床上等着救护车。这时，孩子醒过来了，他告诉妈妈，家里来了抢匪，他们将他打晕了。妈妈查看了一下家里的值钱物品，发现并没有丢失。孩子悠悠说道，抢匪抢走了他的书包，而书包里有所有的暑假作业。

听到这里，妈妈自然想到了，这只是孩子的一个恶作剧，是孩子自导自演的一出戏。而孩子导演这出戏，只不过是为了逃避做作业。

虽然这则故事看起来十分可笑，却反映了一个十分严重的问题：在很多家庭教育中，孩子承担了很大的压力，而这些压力让孩子想要逃避，逃避不掉的时候就可能会让孩子感到绝望。

每个父母都望子成龙，望女成凤，但并不是每个孩子都能成为数一数二的学霸，也并不是所有的孩子都能成为出类拔萃的人物。

伟大的父母不是逼迫孩子按照自己的想法生活，而是能发现孩子的独特之处，从而让孩子获得更多自我展现的机会。在陪伴孩子学习的过程中，这类父母会想尽一切办法给孩子营造出积极的学习氛围，而不是无限制地向孩子施压，让孩子觉得学习是一座大山，压得他喘不过气来。

在生活中，为人父母者经常会对孩子说，"我希望你能够好好学习"，"我希望你能再做一张试题"，等等。父母总是希望孩子如何如何，却忽略了孩子的希望，或者不了解孩子内心的想法。当孩子被学习压得喘不过气的时候，势必会对学习感到绝望。

一个小男孩儿在小学就开始学习奥数，在努力学习了几年之后，他参加奥数比赛，并考了第三名的优异成绩。他兴高采烈地将这个消息告诉了爸爸妈妈，他本以为父母会十分高兴，却不承想妈妈很生气地说道："才第三名，有什么可高兴的？为什么别人能考第一、第二，你却考了个第三名，你还觉得很自豪，真是不知上进。"

听了妈妈的话，小男孩儿十分难过，他以为自己的努力能够换来父母的认可，结果妈妈的话让自己失望透顶。从那以后，小男孩儿再也不肯将时间花费在学习奥数上，甚至十分反感奥数。

在现实生活中，很多父母都会觉得只有孩子考到了第一名才是最优秀的，于是总是在鞭策孩子前进，根本不在乎孩子在学习的过程中付出了多少。于是，孩子渐渐地对父母产生了失望，认为父母看不到自己的认真付出，忽视自己所有的辛苦付出。

大部分父母陪伴孩子学习都是对孩子寄予了希望的，希望通过自己的"督促"，孩子的学习成绩能够更好。然而，这并不意味着父母就可以无限制地给孩子增加压力。孩子的承受能力是有限的，并不是所有来自父母的"好"，孩子都能够承受。那么，父母的哪些话语会让孩子倍感压力，甚至会让孩子觉得失望呢？

1. "一切都是为了你好"

很多父母习惯性地将"一切都是为了你好"挂在嘴边，而这句话往往会让孩子的压力陡增。其实，父母将精力放在孩子身上，孩子是能够感受到的，同样，孩子也能够感受到来自父母对自己的关切，为此，父母根本没有必要经常在孩子耳边唠叨这句话。

很多时候，当父母说出这句话，其实孩子的内心是紧张的。如果孩子付出了努力，父母仍然批评孩子，还对孩子说这句话，那么孩子可能会感到失望，而并非感动。

2. "我只看结果，不管过程"

很多父母只看重试卷上的得分，根本不去关心孩子得高分或低分的原因。如果当孩子将考试分数告知父母，而父母根本不关心孩子是否付出了努力，甚至说"我只看结果，不管过程"，那么，孩子的内心肯定是倍感失望的，会认为自己的付出是徒劳的。

3. "你只知道努力，根本不知道技巧"

对于父母来讲，学习是有方法和技巧可言的，但是对于孩子来讲，他们可能没有这种心理意识。于是，孩子更多的可能就是多花时间去努力学习。而当孩子的努力结果没有达到父母的预期时，父母则会责备孩子不懂得掌握学习技巧。孩子本以为只要努力就够了，没想到还需要所谓的技巧，而父母不但没教过技巧，还一味地指责孩子不懂技巧，这肯定会让孩子感到失望。

每个孩子都有其学习的节奏，父母不应该按照自己的节奏来督促孩子学习，而应该学会尊重孩子的学习节奏。这样不但能够让孩子学习起来没有压力，还能够体现父母陪伴的意义。

很多父母都会将孩子认定为"自己的希望"，但是要知道，孩子本身就是有独立人格的，他们不应该是父母的附属品。因此，父母不应该将自己的意志强加给孩子，更不要将大人的压力转嫁给孩子，否则当孩子发现自己无法满足父母的"希望"时，就会倍感失望，甚至会失去前进的动力。

每一个孩子都是一道阳光，而父母应该做的就是让这道阳光成功地照射到大地上，而不是成为阻碍阳光照射的那片乌云。

发现孩子抄答案，不能一味地批评

在孩子学习这件事情上，"抄答案"应该是很多父母最无法容忍的，会被气得脸红脖子粗。因为父母通常认为，这种抄答案的行为是一种欺骗性行为，同时这种行为也代表孩子"懒惰"，不肯通过思考来完成学习。因此，父母如同抓住了孩子的"小辫子"，开始无休止地指责和批评。其实，要想让孩子主动思考，不去抄答案，父母就先要分析孩子抄答案的原因。

1.作业量太大，孩子为了节约时间和提高写作业的效率，就选择了抄答案。

2.当孩子发现题目太难，而自己又不会做的时候，就会选择抄答案。

3.有一部分孩子形成了抄答案的习惯，即便是自己会做的题，也懒于思考，而是选择抄答案的捷径。

在了解了孩子抄答案的原因之后，不难看出，孩子抄答案是可以避免的。通过父母的陪伴学习，在孩子遇到难题时，父母给予一些帮助，就可以避免孩子养成抄答案的习惯。而对于作业太多的情况，父母可以先开导孩子，让孩子明白，写作业并不是贪图速度的事情，即便作业量多，也应该一项一项地完成，而不应该通过抄答案来提高完成作业的速度。

不过，凡事有例外。有一位老师讲述过遇到的一件事情：

老师布置了当天的作业，第二天，老师发现有一位孩子的作业中很多题没做，便问其原因，这位孩子说不会做。老师便给他讲解了一遍，可他还是听不懂，作业依旧不会做。

老师便找到标准答案，然后让他抄写一遍。在抄写的过程中，他边抄写边点头，似乎明白了什么。

在抄写完成之后，他频频点头，说自己终于明白这些题目的解题步骤了，以后肯定会做同类型的题了。

这位老师主动让孩子抄写答案，就是希望孩子在抄写答案的过程中，能够明白解决问题的思路。通过这个例子可以发现，在面对难题时，借助答案，让孩子学会解题思路，也是一种不错的办法，一种可以尝试的方法。

父母无法容忍孩子抄答案的原因是，害怕孩子不经过思考，在学习中投机取巧。然而，当孩子真的遇到了难题，父母又不能帮助孩子解决的情况下，借助答案，了解解题思路，也未必不是可行的办法。

那么，如果孩子抄答案是想要"抄近路"走捷径，父母要如何去做呢？

1.心理教育法

在了解了孩子抄作业是因为懒惰不想动脑筋时，有些父母会选择体罚，甚至责罚。其实，这种懒惰终归是一种"心病"：贪图省力，应付作业，认为只要将作业顺顺利利地交了，就是完成了任务。

父母可以告诉孩子，这是不成熟的表现，告诉孩子"懒惰是学习的天敌"。让孩子从心理上认知抄作业背后的负面作用，从而发自内心地避免抄作业。

2.激将法

孩子到了一定年龄会开始有羞耻心，父母要合理"利用"孩子的羞耻心，即用激将法让孩子意识到抄作业是一种"可耻"的表现。没有人愿意让别人瞧不起，孩子也不会愿意被别人说"耻辱"。当孩子意识到这一点之后，就会愿意改掉抄作业的恶习。

峰峰爸爸被老师叫到了学校办公室，被告知峰峰经常抄同学作业。回到家后，爸爸将峰峰叫到了书房，然后对他说："儿子，今天你们老师叫我去学校了。"

峰峰听爸爸这样说，便知道是自己犯错了。于是，低着头不敢说话。

"你低着头不说话，证明你知道老师为什么找我。"爸爸心平气和地对峰峰说道，"儿子，你已经13岁了，按照虚岁算，已经14岁了，在古代，14岁的男人可以上战场打仗了。"

爸爸的话似乎没有责备自己的意思，峰峰听了之后说道："那当然，要是在古代，我肯定能骑马打仗了。"

"对啊，你已经是男子汉了。我跟老师说，峰峰是个男人了，他以前抄作业是他无知，以后肯定不会抄作业了，因为抄同学的作业就如同上战场按照敌人的布阵出兵，这仗怎么可能打赢。"爸爸说道。

"那可不，之前抄作业是我懒得去想，我要是自己写照样能全写对。"峰峰信誓旦旦地说道。

从那之后，峰峰再也没有抄过同学的作业。

3.父母自省法

当父母发现孩子有抄作业的行为时，先不要急于冲孩子大喊大叫，而是先要进行自省，是否是因为教育方式不得当。

比如，放学后当孩子兴高采烈地回到家，本打算饭后赶快写作业，而此时，父母的朋友来到了家里，父母便与朋友开始热聊，孩子则处在了一个嘈杂的环境中，根本无法静心学习。此时，孩子为了快速完成作业，就会选择抄现成的答案，从而"应付"父母和老师。

当父母发现是因为自己的原因导致孩子出现抄作业的行为时，一定要先改掉自身的问题，只有这样，才能帮助孩子改掉抄作业的恶习。

改掉孩子抄作业的恶习并不是一件简单的事情，不是打一顿或者骂一顿，就能够解决的事。作为父母，要先了解孩子为什么抄作业，然后根据孩子抄作业的原因来找到适合的对策。父母一味地责罚孩子，孩子不但不会改掉抄作业的恶习，反而会激化亲子之间的矛盾，让原本和谐的家庭变得难以和睦相处。

懒惰，是人类的弱点。孩子因为懒惰去抄作业，这样的情况不少见。作为父母，首先要给孩子树立积极勤奋的榜样，让孩子知道勤奋所带来的成果是充满喜悦的。

另外，每个孩子都有自己的学习习惯，而父母要让孩子遵从正确的学习习惯，就应该先让孩子了解错误学习习惯的坏处和缺陷，这样孩子才会更愿意去改变错误的学习习惯。

父母在发现孩子偶尔抄作业的时候，没必要暴跳如雷，更不要对孩子拳脚相加，因为这些行为都不足以改变事情发展的方向。

一次成绩，不能成为父母失望的原因

不可否认，在对待孩子考试成绩这件事情上，百分之九十的父母都是十分重视的。父母为什么如此看重孩子的成绩呢？原因很简单，因为成绩是我们所处的社会所看重的。在当今教育环境中，成绩是评价孩子学习力和素质的标准。

但是，即便父母和社会重视孩子的成绩，也不应该只是看重单次的成绩，而凭此来断定孩子的学习态度。

曾经在报纸上看到一则报道：

某中学的一位学生跳楼自杀了。这件事情一经报道，立刻震撼了整个教育界。因为这位同学的学习成绩一直很棒，从小学开始，学习成绩便名列前茅，到了初中，在整个班级甚至全年级其学习成绩也名列前茅。学习成绩如此优异的学生，为什么会做出这种出格的事情呢？

原来，他的这次期中考试成绩不尽如人意，按照平时的表现，他应该能够考到全年级前五名，而这次只考了全年级第二十名。这个结果虽然是他无法接受的，但是也不应该是他选择轻生的理由。

后来经过了解发现，这位同学在将成绩告知父母后，父母不但没有鼓励孩子、安慰孩子，还责备孩子学习不够努力，甚至怀疑孩子迷恋上网、玩游戏。父母还跟孩子说，"你太让爸爸妈妈失望了，我们以后再也不对你抱有希望了。"

或许，就是这句话彻底让这位同学选择了死亡。

在生活中，不难发现有些父母容不下孩子一次、两次的成绩滑坡。要知道，孩子不是圣人，不可能保证每次考试都不会出现失误，次次成绩都那么优秀。

作为父母，要理解孩子，当孩子的成绩出现滑坡时，不要急于去责备孩子，更不要在孩子面前表露出失望的神情，因为在这个时候，孩子的内心其实比父母更加失望和难受。

那么，在孩子出现考试失利之后，父母要如何去做呢？

1.无论原因是什么，父母都要真诚地去安慰孩子

在孩子出现成绩滑坡的时候，尤其是那些平时学习成绩特别优异的孩子，父母要即时地去安慰，避免孩子因为接受不了考试结果而充满自责和愧疚。

孩子会因为成绩出现波动，而担心父母责备自己。当父母主动安慰孩子之后，孩子的内心就会放下来自父母的压力，这对接下来的学习是十分有帮助的。

2.耐心地与孩子分析成绩下滑的原因

成绩出现波动是在所难免的事情，但是要让孩子了解导致自己这次成绩不理想的真正原因，比如，是最近一段时间学习不够认真，这次试题太难，考试的时

候太过马虎，还是学习过程中忽略了知识点，等等。

父母帮助孩子找到考试失利的原因，对孩子之后的学习是有帮助的。当然，孩子在得知考试失利之后，可能已经对失利的原因有了初步的认识，父母只需要帮助孩子避免再次出现失利就可以了。

3.不要过度关注孩子的学习

有些父母在孩子考试失利之后，会更加关心孩子的学习，甚至投入更多的精力。但是，这很可能会给孩子造成一定的心理压力，让孩子感觉父母已经不信任自己了。

其实，父母不要有意识地去督促孩子学习，更没有必要将孩子看管得更严，只要按照往常的关注度就可以。过于关注孩子的学习，会给孩子造成不必要的压力，这对孩子的学习毫无帮助。

4.切忌对孩子说出伤害孩子自尊心的话语

每个孩子都是有自尊心的，特别是在考试失利之后，孩子已经觉得自尊心受到了伤害。如果此时，父母还用话语或行动来伤害孩子的自尊心，那么孩子可能是无法承受的，很容易做出一些极端的行为。因此，父母即便再生气，也要考虑孩子的自尊心，不要说出伤害孩子自尊心的话语。

对于一个平时很自律的孩子来讲，在考试中出现失误，父母是不需要过分担心的，甚至可以"不问"。这种看似不关心的表现，其实是在给孩子的自尊心留空间，孩子会更加努力地学习。而对于自律能力差的孩子，父母则要注意"问"的程度和频率，既要让孩子不感觉到压抑，又能够达到督促孩子学习的目的。

另外，当孩子的成绩出现波动时，父母也应该从自身找找原因，比如，在孩子学习的时候，父母总是看手机、看电视，给孩子营造了一种吵闹的学习环境，抑或是父母对孩子的学习关注度不够，等等。此时，如果父母发现是自己的原因，就要先从自身做起，改掉不好的习惯。

当孩子偶尔出现一次成绩下滑，父母便开始无休止地责备孩子，这样的做法往往只会让孩子的内心感到十分失望。同样，父母也不应该因为一次成绩，而对孩子产生失望，这样的负面情绪会影响孩子之后的学习。

一次成绩只能代表这段时间或者是这次考试的情况，不能代表孩子以后的学习情况，因此，聪明的父母是不会因为一次成绩不理想而对孩子大吼大叫的。

父母越"帮"，孩子越"懒"

有一位中学语文老师讲述了班上一位学生的事情，很值得父母们深思。

有一位小女孩儿在平时的学习中，无论是写的字，还是做的作业都很认真、准确，尤其是在作文部分，总是能够正确运用一些没有学过的词语或句型。但是她的成绩却总是很低，考试时写的作文也是错别字连篇，这让老师感到十分奇怪。

为了了解事情的真相，在期末家长会结束之后，老师将这个女孩儿的妈妈单独留下，将情况如实告知了，并问道，父母是否知道其原因。这位妈妈毫不掩饰地说道："平时她不会写的字，我都会让她通过软件查找。"原来每次孩子碰到不会写的字或者不会解答的题目，这位妈妈都让她自己去语音输入，然后抄写到作业本上。

此时，老师恍然大悟，原来平时孩子都是借助电子产品的帮助，根本没有认真去思考，所以到了考试的时候，平时不会写的字和不会做的题目，还是不会。

通过这个例子，我们不难看出，这位妈妈告诉孩子的这个解决问题的方法，似乎是让学习变得简单了，似乎是帮助孩子解决了问题，但只是暂时性地解决问题，更多的是帮助孩子应付了老师。这种"帮"孩子的方法，其实是帮助孩子养成了"懒学"的习惯。

现在是互联网发达的时代，孩子的学习中充斥着各种电子产品、电子软件，它们能提升作业的正确率和高效性，但同时也会让孩子的大脑变得懒惰，不愿意去进行记忆和思考。最终，当孩子遇到难题就会想借助电子产品的帮助，从而失去独立思考和认真思考的机会和能力。

除了电子产品和电子软件会增加孩子对外物的依赖，降低大脑的利用率之外，过分"勤快"的父母，也会让孩子的大脑变"懒"。

1.父母帮孩子检查作业

有些父母为了避免孩子的作业出错，就会在孩子写完作业之后，帮助检查作业，而检查出错误之后，再督促孩子去进行修改。久而久之，会让孩子形成一种思维，就是自己只负责写作业，检查作业有父母。这种思想其实也是一种"懒学"的体现。最好的方法是让孩子在做完作业之后，先自行检查，待孩子检查完，觉得没有错误之后，再由父母检查。这是让孩子进行自查的过程。毕竟在考试过程中，没有人帮助检查正误，只能靠孩子自己去完成这个步骤。

2.碰到不会做的题，直接问父母

很多父母都会对孩子说："不会做的题，就问爸爸妈妈啊。"

这样做其实很容易让孩子养成一个习惯，即只要看到比较难的题目，不经过

思考便直接询问父母。正确的做法是，先让孩子自己思考，在进行多次解题失败
之后，再向父母求助。

3.父母追求"全对"的心理

很多父母不希望孩子在做题的过程中出错，也不希望老师看到孩子的作业题
犯错。出于这种心理，父母会想办法让自己的孩子将题都做对。

其实，对于孩子来讲，看到自己做错的题，被老师批改正确后，他会想方设
法去分析，甚至希望自己以后不会出现同样的错误。久而久之，孩子会变得更加
认真。

而在父母帮助下获得全对的话，一方面老师没办法了解孩子哪方面的知识
点掌握不牢固，另一方面，孩子也体验不到错误和失败的感觉，更加不会重视
学习。

父母要清楚，学习本身是孩子自己的事情，父母只不过起到一个督促和辅助
的作用，而在写作业的过程中，无论是审题还是检查，都应该由孩子自己完成，
而不是由父母代劳。对于学习这件事情，父母代劳得越多，孩子在学习中就越容
易犯懒，甚至产生厌学的心理。

在生活中，所有的父母都希望自己能够在学习上帮助孩子取得好的成绩，但
是不好的方法往往会让孩子的大脑变得更加懒惰。父母错误的教育和陪伴学习的
方法，会让孩子认为有父母来给自己把关，从而内心放松警惕，也不会认真投入
学习中。因此，父母辅助孩子学习，一定要掌握方法和方式，否则不是在帮孩
子，而是在害孩子。

专家建议

你的暴脾气，只会让男孩儿更调皮

教育学家经过研究发现，脾气暴躁的父母教育出来的孩子往往更调皮，孩子只对学习之外的事情感兴趣。因为，父母火暴的脾气和无法管控的情绪，总是会影响到孩子正常的思考。

对于男孩儿来讲，一般都认为男孩儿应该活泼一些，调皮点也是正常的。但是过分调皮的男孩儿，是没办法专注学习的。那么，在教育男孩儿的过程中，父母要如何做才能避免孩子因为调皮而忽视学习呢？

1.父母要付出更多的耐心

男孩儿从天性来讲，就要比女孩儿活泼和外向一些。大部分男孩儿都是活泼好动的，这也就注定了男孩儿更容易"闯祸"。

在面对男孩儿犯错这件事情上，父母如果总是急迫地去指责、惩罚，那么孩子的内心会更加叛逆。因此，父母需要更加耐心地对待孩子的错误，让孩子感觉到父母是理解自己的，只有这样，孩子才愿意去改正错误。

2.父母要学会控制自己的情绪

父母是孩子最好的老师！在遇到事情之后，父母要学会控制自己的情绪，而不是将自己暴躁的情绪全部展现在孩子面前。

对于男孩儿来讲，他们看到了父母暴躁的一面之后，在遇到同样的事情时，也会用暴躁的态度进行处理。因此，父母要善于管控自己的情绪，遇到事情要先让自己保持冷静。冷静的大脑才能够更好地处理事情，才能更加理智地与孩子进行沟通。

3.改变"男孩儿就是打出来的"错误思想

很多爸爸会认为，调皮的男孩儿只有体会到"痛"，才会好好地学习；只有当他感觉到疼了，才能记住教训。

其实，调皮是众多男孩儿的天性，父母无须用暴躁的情绪来对待，而是应该多一些耐心与关心，让孩子感觉到父母对他的爱。

你的唠叨，只会让女孩儿更迷茫

女孩儿给父母的感觉是柔弱的，于是，父母一般很少责罚女孩儿，而是选择不停地唠叨。尤其是母亲，期望通过唠叨促使孩子上进，学习更认真。然而，来自父母的唠叨并不是一剂良药，频繁地唠叨不但起不到好的教育作用，反而会让孩子变得更加迷茫。

当女孩儿在学习中遇到问题不知道如何解决时，父母不妨给孩子指明方向，甚至指明道路。但是如果此时，父母一味地指责孩子不去寻找解决方法，不去努力学习，恐怕会让孩子更加盲目，更加被动。

1.当女孩儿在学习中遇到不懂的问题时，父母不要唠叨孩子上课不认真听讲。重要的是要帮助孩子一起去解决问题，让孩子在无助的时候，感受到来自父母的支持。

2.当女孩儿抱怨作业多，完不成的时候，父母不要抱怨孩子懒惰或者是学习不积极。父母要帮助孩子找到高效完成作业的办法，让孩子知道真正掌握知识才是最重要的。

3.当女孩儿逃避学习时，父母不要唠叨孩子"只知道玩"。父母要帮助孩子制订学习计划，让孩子在学与玩之间找到平衡，从而促使孩子更高效地去学习。

每一个父母都应该是孩子的老师，因此，面对女孩儿在学习中的种种困惑时，父母作为孩子的"老师"不应该急于指责孩子、唠叨孩子，而应该帮助孩子找到学习方法，帮助孩子摆脱困惑，让孩子用更加积极、明朗的态度去进行学习。

第三章

深入了解孩子，挖出根源问题

恐惧心理：作业像炸弹，害怕会挨打

湖南卫视曾有一档很有影响力的综艺节目——《少年说》，其中的一期有一个上四年级的小姑娘，长得十分可爱，她上台之后，讲述了自己写作业的经历。

小姑娘说，自己写作业要遵守妈妈制订的"五不准"原则，即不准抄错题，不准看错标点符号，不准出现一目了然的错误，不准不认真，不准写错数字。

这不只是简单的"规定"，如果她触犯了其中的任何一条，就会被用戒尺惩罚。

妈妈这样的做法，导致了小女孩儿一到写作业的时间，就会感觉十分恐惧和紧张，因为害怕出错，害怕被惩罚。也因此，脑子一片空白，根本无法静下心来认真写作业。

了解完这个案例之后，我们除了心疼这个小女孩儿之外，恐怕更多的是对这种教育方式的探讨。不可否认，父母都希望自己的孩子是完美无缺的，甚至希望孩子成为人中龙凤，但是，世间的"天才"毕竟少之又少，我们始终需要面对大部分"普通人"的称谓，而父母最应该意识到这一点。如果像这位母亲这样，孩子犯一点点错误就开始责罚，那么孩子内心必定是十分压抑和恐惧的。

没有人喜欢被惩罚，不只是孩子，大人也是如此。经常性的惩罚，对孩子会造成心理负担和心理阴影，会让孩子的内心十分压抑和恐惧。而当遇到类似事情之后，孩子的内心会不自然地紧张，这种紧张久而久之便会形成条件反射。那么，如果父母发现自己的孩子已经出现了写作业恐惧，要如何去做呢？

1.停止责罚

当孩子在写作业之前开始出现担心、焦虑，坐到桌前心不在焉，不知道自己想要写什么时，父母不要着急上火，更不要对孩子大吼大叫，因为父母的打骂会加重孩子的紧张情绪，对孩子消除恐惧心理没有任何帮助。

2.消除孩子的顾虑

如果孩子恐惧写作业，那么父母不妨直截了当地告诉孩子："爸爸妈妈理解你写作业的心情，你放心，不管你今天写的作业是好还是坏，爸爸妈妈保证不会对你发火。"

父母的这些话能够有效地消除孩子的紧张情绪。当孩子完成作业之后，父母一定要谨记诺言，哪怕孩子写的作业全是错的，也不能朝孩子发火。

3.表示信任孩子

父母一定要让孩子知道，父母是相信孩子的。因为这样可以让孩子更加相信自己。

因此，当父母告诉孩子"爸爸妈妈相信你可以很好地完成作业"之后，可以选择暂时离开房间，让孩子一个人待在房间写作业。

当孩子认为父母信任自己的时候，才更有勇气相信自己的能力。

有些父母可能会说："我很少跟孩子动手，可能只有那么一两次，为什么孩子在写作业的时候还是会产生恐惧心理呢？"其实，这并不难理解，我们听过一句古话——"一朝被蛇咬，十年怕井绳"。如果孩子曾经在写作业的过程中被惩罚过，大脑就会受到刺激，形成一个兴奋点，当其再次有同样经历或身处同样情景时，过去的经历自然而然地就会被唤起，从而产生恐惧。

有研究结果表明，敏感、害羞、胆小的孩子，更容易产生恐惧心理。

恐惧心理，本身是一种心理上的伤害。当孩子在写作业过程中，形成恐惧心理之后，极容易对学习产生紧张的心理。

有的父母会认为，既然孩子害怕被惩罚，自然会更加认真地去完成作业。但其实，大部分孩子经历责罚后，往往会产生恐惧感，此时，逃避的心理自然也会产生。孩子只有避免在写作业的过程中产生恐惧心理，才能更专注、更高效地去完成作业。

拖延心理：能拖就拖，拖到最后再去做

拖延心理是很多孩子都容易存在的一种心理，指的是孩子在做事情的时候，从心理上喜欢放缓脚步，甚至迟迟不去做某件事情。

其实，拖延心理的形成往往具备一个前提，即孩子知道某件事情是必须要做的，而针对这件必须做的事情产生"心理延期"的行为。比如，孩子放学回家，明明知道老师留了作业，而这些作业必须在当天晚上完成，因为第二天老师会检查作业，即便如此，孩子还是会选择先玩，玩到不能再拖的时候，才开始写作业。

拖延心理让很多父母十分恼怒，那么，父母不妨先对孩子的这种拖延心理进行分析。

首先，带有拖延心理的事物，往往对于孩子来讲是"痛苦"的事情。从孩子的内心来讲，他觉得这些事情不能让他感觉到快乐，甚至会让他感觉到痛苦。例如，写作业，他在写作业的过程中需要用脑认真思考，甚至还可能招来父母的责骂，那么这个过程是痛苦的，因此他会选择暂时推迟写作业。

其次，拖延心理从根本上来讲，是一种暂时逃避的心理。当孩子的内心对写作业产生一种抵触心理时，就希望去逃避作业，而作业本身是存在的，逃避只能是暂时的逃避，只能通过玩耍的快乐来暂时掩盖内心对作业的抵触。

最后，拖延心理是一种"畏难"心理。写作业并不是一件快乐和轻松的事情，因此，孩子会害怕这种"难做"的事情。所以，孩子会将作业放到最后才去完成。

要想让孩子改掉拖沓的坏习惯，父母不妨从下面几个方面去着手。

1.帮助孩子找到学习的乐趣

有的父母会说，学习本身就是一件痛苦的事情。这一点，不可否认。但是，从学习中找到乐趣，也是一种不错的体验。当孩子感受到学习带来的快乐，那么他就会愿意去主动学习，甚至会将学习当作一种游戏。

晓冉之前的历史成绩很差，每次历史老师留的作业，她都不愿意去做，需要父母的多次催促才能完成。

晓冉的爸爸想出了一个办法帮助她。爸爸买来一个家庭投影仪，将历史的重点内容结合新颖的图片，做成PPT。每天晓冉放学回到家，爸爸都会用讲故事的方式，结合投影效果，给她讲解历史。慢慢地，晓冉对历史产生了兴趣，每天都期待放学回家，期待爸爸讲"故事"。

自然，在晓冉对历史产生兴趣之后，对历史知识点的掌握也就熟练了，做作业的节奏也明显加快了。

2.让孩子体验到拖延的后果

父母不妨改变一下策略，即不去催促孩子写作业，而是"放任"孩子玩耍。

最终的结果，可能是孩子快到睡觉时间才发现作业还没做，有的孩子会选择熬夜去完成，那第二天早起上学肯定是很困难的。只有当孩子经历了因为自己拖延所带来的痛苦，才会愿意去改变写作业的时间和节奏。

明亚是个四年级的学生，他每天放学回家第一件事就是玩游戏，如果不催促他写作业，他是永远想不起来要写作业的。

这天，他放学回到家，如往常一样拿起平板玩游戏，爸爸妈妈并没有催促他去写作业。吃完晚饭后，他依旧是各种磨叽。眼看就要10点了，爸爸突然想起来什么，对他喊道："儿子，老师今天没布置作业吗？"

明亚看了一眼时间，着急地回答道："爸，你怎么现在才提醒我写作业。"说完，赶快拿着书包去屋里写作业了。

第二天早晨，明亚迷迷糊糊地起了床，精神看起来很不好，但是爸爸照常送他去上学。这天放学回到家，明亚二话不说，先进屋去做作业了。

当明亚写完作业，爸爸问道："你今天怎么这么主动地写作业了？"

"别提了，都是因为昨晚睡晚了，我今天上课睡着了，老师让我站着听课，丢死人了。"明亚接着说道，"以后我还是先把作业写了再玩吧，这样玩起来也踏实。"

3.帮孩子养成时间规划的习惯

近些年，我们经常听到的"拖延症"，并不是成年人的专属症状，孩子也会成为拖延症者。当父母发现孩子在写作业的过程中，有拖拖拉拉的现象，或者是迟迟不愿意去做作业时，父母就要考虑孩子是否对学习产生了拖延心理。

一旦确认孩子存在拖延心理，那么父母就要帮助孩子及时改掉这个坏习惯。如果父母对孩子的这种心理不加以重视，孩子很容易会对学习产生反感的情绪。

纠正孩子的拖延心理，需要父母讲究方法和策略，单纯的催促和责罚是起不到好的教育效果的。而掌握摆脱拖延心理的方法，是让孩子对学习产生兴趣的关键因素之一。

孩子形成拖延心理，多半是因为没有规划时间的习惯——在什么时间段做什么事情。当孩子养成了规划时间的习惯，那么，在什么时间段便会主动地去做什么事情。比如，放学后19：00吃完晚饭，19：30—21：00是写作业的时间，21：00—21：30是游戏时间，21：30—22：00是洗漱时间。

当时间规划形成，孩子每天按照这个规划来安排事情，久而久之，孩子自己看时间就知道自己该做什么了，根本不用父母去催促了。

从众心理：别人不写，我也不写

从众心理，是个人跟随其他人的行为、认知，进行的一种心理活动。这种心理能够让人失去行为或思想的独立性。孩子，更容易受到其他人的影响，从而做出一些不合规矩的事情。

在生活中，我们经常会听到父母问孩子"为什么不写作业"，而孩子回答道，"为什么别的同学可以不完成作业，而我非要完成作业"。通过这句话，我们便可以看出孩子的这种心理便是一种从众心理。

学习从众，是一种很典型的从众心理。比如，在一些寄宿学校，有的学生晚上很晚才睡觉，他们在楼道学习，其中有些学生明明已经很困了，但还是会选择继续学习，原因就是——别人在学习。

而对于一些孩子不完成作业，也是出于这种从众心理。比如，他看到有些同学没有完成作业，而他也就选择不去完成作业。这种从众心理往往不会产生好的结果，只会让学习成绩一落千丈。

一位小学老师讲述了一个他在教学中遇到的案例：

班上有一个叫小楠的男孩儿，本来学习成绩还不错，在班里能够排到前十五名。他开始慢慢地不认真写作业，甚至到了后来，他开始不去做作业。

刚开始，老师以为他是因为作业太难，不会做才不写。后来，听他的父母说，他看到同班同学张猛和刘浩等同学不写作业，照样考得也不错，所以他也不去写作业了。他的父母拿他也是没办法了。

后来，他的成绩一落千丈，从前十五名落到了后十五名。老师将他叫到办公室后，告诉他，不写作业的后果就是这样的。

这个时候，他似乎意识到了自己的错误，在后来的学期中再也没有出现不写作业的情况了。

那么，孩子的这种从众心理究竟是如何产生的呢？

1.父母的教育不当

我们不能将任何不好的现象的产生都归结到孩子本身的因素，其实很多时候，孩子之所以不去写作业，多半是父母的教育出了问题。比如，在生活中，我们经常会听到父母这样说："你看看人家，学习成绩那么好，你再看看你。"

父母的这种对比教育，就很容易让孩子产生从众心理，为什么呢？虽然父母是拿别人的优点来与孩子进行对比，但是孩子会自然而然地将思维进行转移，即"为什么要与别人的优点对比，为什么不能与别人的缺点进行对比呢"。孩子会认为"他可以不写作业，为什么我不可以"。所以说，很大程度上，喜欢把孩子与别的孩子进行对比的父母更容易让孩子产生从众心理。

2.孩子习惯遵循别人的想法做事情

孩子要是没有了自主意识，就很容易受到他人思想的影响。因此，父母需要做的就是，让孩子学会独立思考和认知。

五年级学生倩倩是个性格乖巧的孩子，在家里父母让她做什么她就做什么，在学校也是如此，老师和其他同学的建议，她都会遵循着去做，根本没有自己的主见。

一天放学后，好朋友对倩倩说："今天的作业特别难，我都不想做了，干脆你也别做了。反正这么难的作业，不做的同学肯定特别多。"

倩倩听了之后，觉得好朋友说得有道理，就听从了建议，结果因没有完成作业，受到了老师和家长的严肃批评。

3.孩子不能明辨是非

对于一些年龄较小的孩子来讲，他们可能不认为不完成作业是一件不好的事情，甚至觉得其实没什么大不了的。这些不明白是非的思想也会导致孩子产生从众心理。

面对这样的情况，父母要做的就是帮助孩子明辨是非，让孩子知道如何做才是正确的。同时，告知孩子，不完成作业是一件很"丢人"的事情，让孩子了解到学习的重要性。

4.孩子不够自信

从从众心理产生的根源上来分析，孩子之所以会有这样的心理，主要是因为他们不够自信，甚至是自卑。

当一个孩子认为自己不够优秀时，他才会愿意跟随别人的思想去做事情。同样，当孩子认为其他同学的观点是正确的，而自己的观点是错误的时候，也会跟随同学的观点去安排自己的行为。

在面对不自信的孩子时，父母要给予孩子一定的肯定，让孩子明白自己的优点所在，这样一来，孩子就会坚持自己的思想，而不会轻易被别人的观点左右。

5.孩子内心的惰性在作怪

很多时候，孩子不想做作业，往往是因为内在的惰性，即懒惰。而要克服孩子的懒惰心理，往往需要父母付出更多的精力。此时，父母可以给孩子设定一个奖励，比如，写完作业可以玩20分钟的游戏，等等。

当父母听到孩子说"别人能不做作业，为什么我不能不做？"的时候，首先要保持冷静，不要急于去反驳孩子，更不要急于去"惩罚"孩子，要想办法从源头去帮助孩子。不要认为孩子的这种从众心理只是一句很平常的话，要知道这种心理对孩子的学习没有任何帮助。

父母要想高效地陪伴孩子，就要让孩子摆脱从众心理，拥有自己独立的思想，让孩子在思想和意识上，清楚地认识到这种心理的错误性，只有这样，父母的陪伴学习才更有效果和意义。

缺少专注力，爱操心其他事

孩子写作业不专心让很多父母感到恼火，为了让孩子专心写作业，会给孩子安排单独的房间。可是，父母在客厅接电话，孩子对电话内容也听得一清二楚。再比如，父母在客厅商量出去游玩的事情，孩子在卧室写作业，却对父母商量的事情了如指掌，甚至还时不时跑出来发表意见。

经过调查发现，学习差的孩子百分之六十是受到了来自注意力的影响。不仅如此，专注力差的孩子往往会出现写作业注意力不集中，听课注意力不集中的现象。随着孩子年龄的增长，有将近百分之三十的孩子的专注力不会得到改善。因此，提升孩子的专注力，关乎孩子的一生。

很多父母因为孩子学习时不够专注感到十分苦恼，却不知道如何去提升孩子的专注力。有些父母会问，是不是因为孩子的学习环境不够安静？安静的学习气氛确实是有助于孩子专注地进行学习，但绝对不是说，嘈杂的环境就无法专注地学习。

网上有这么一段街头采访视频：

一位摆路边摊的爸爸，在忙着给客人做炒面，他的一旁坐着一个八九岁的孩子在认真地写作业。记者问孩子上几年级，孩子说三年级。记者问这位爸爸，为什么不让孩子在家写作业？爸爸说，家里没人照看，自己要忙着摆摊挣钱。

听熟客们说，这位小女孩儿每天晚上都会跟爸爸出摊，然后自己乖乖在旁边写作业。人来人往的地方，声音何等嘈杂，但是小女孩儿却不曾关注其他任何事情，只关心笔下的题。

当记者问小女孩儿的学习成绩怎么样时，爸爸骄傲地说，每次考试都是班里前三名。

学习环境对孩子学习的专注力有一定的影响，但不是绝对的。如果父母发现孩子在学习的过程中，总是很难静下心进行学习，专注力很差，那么该如何做呢？

1.分析孩子容易学习分心的原因

孩子学习分心，专注力不够，往往是有原因的，比如，是因为想着好玩的游戏，或者想要看电视，等等，只有当父母找到孩子无法专注学习的原因，就能够根据不同的原因找到提升孩子专注力的方法。

2.时间限定法

当孩子在学习过程中总是分心的时候，不妨限定写作业的时间，比如，语文作业几点完成，数学作业几点完成，等等。在心理上给孩子一种紧迫感，这样孩子在写作业的过程中，就无暇关注其他的事情，会专心地去写作业了。

小贝妈妈发现小贝在写作业的过程中，总是习惯性地东张西望，不是看会儿桌子上的铅笔盒，就是摆弄会儿手里的铅笔，要不就是玩一会儿橡皮擦。

为了能够让孩子在学习的时候更加专注，妈妈按照孩子每天的作业量订制了一个时间表格，比如，语文作业30分钟内必须完成，数学作业40分钟内必须完成，英语作业30分钟内必须完成。

在制订了时间限定表之后，妈妈发现小贝每次都能在限定时间内完成作业。

3.不要分散孩子的注意力

我们可以发现，孩子小时候的注意力是十分集中的，比如，看到了一只蚂蚁，会很专注地蹲下看蚂蚁结伴行走，看蚂蚁搬运粮食，等等。此时，很多父母会不耐烦地跟孩子说道："走吧，别看了，蚂蚁有什么好看的。"

父母的这种做法其实是打断了孩子的注意力，原本孩子在认真地观察事物，却被父母毫不客气地打断了，久而久之，孩子的注意力就会变得不集中。因此，当孩子专注于做某件事情的时候，父母不要打断孩子，要跟随孩子的节奏，让孩子专心做自己要做的事情。这样做的目的，就是能够让孩子更好地去完成自己想要做的事情。

4.给孩子设定期望

在很多时候，我们会发现当孩子有了愿望之后，他们会更加努力、更加专心地去学习。因此，父母不妨给孩子设定一个期望，从而让孩子更愿意去学习。

曾经，有一位寄宿学校的老师说："我们学校规定，每周五下午上完最后一节课，孩子就可以回家过周末了。而最后一节课是自习课，在这节课上，我发现很多孩子都没办法认真学习，因为他们总是想着赶快到放学时间，然后就可以回家了。"

这位老师后来想了一个很好的办法，他对学生说："我知道你们都期待赶快放学，赶紧回到家里，但是你们有没有想过，如果你们在放学回家之前，就将周末作业做了一大半，那么你们回家之后，岂不是有更多的时间去玩了。"

学生听了老师的话，觉得非常有道理。于是，在最后一节自习课上，学生们都开始认真地写作业，甚至有些学生在放学铃声响起之后，还在认真地写作业，迟迟不愿意离开。

一个专注力很强的孩子，无论外界环境是否嘈杂，都能够认真地完成自己的作业。而对于一个专注力差的学生来讲，即便你给他安排在一个十分安静的房间里，他还是会分心，一会儿看看窗外的景色，一会儿看看桌子上的铅笔盒。对于父母来讲，要想提升孩子的专注力，就要针对孩子注意力不集中的原因，找到正确的解决方法，让孩子愿意去认真地学习。

马马虎虎，只要速度不看对错

有的孩子写作业，是只讲速度，不讲对错的。一共十道题的作业，可以迅速做完，但是进行检查，发现十道题错了七道题。难道孩子真的不会做吗？

对于那些因为不会做而做错题的现象，说明孩子上课的时候可能没有认真听讲。否则，出错率应该不会超过百分之三十。面对这种情况，父母应该了解孩子上课不认真听讲的原因。

出现会做却做错了的现象，往往是孩子只追求速度了。面对这种情况，父母应该让孩子自己检查作业，检查完了再进行改正。一遍检查不出来错误，要检查两遍，一遍改不对，要改第二遍。只有这样，孩子才能长记性。

当孩子发现来回修改错题花费的时间更多时，就会在下次写作业的时候，争取做到一次性做对。

对于马虎的孩子，他们通常会将看似简单的题做错，从而导致出错率很高。面对因为速度快而导致马虎的现象，父母要做的就是培养孩子认真做事情的态度，这样做的目的是减少出错率。

帮助平复孩子急躁的心情。很多时候，孩子之所以会加快写作业的速度，往往是因为他们内心过于着急去完成这件事情，从而开始另一件事情。因此，父母在这个时候可以想办法先让孩子急躁的心情平复下来，比如，放一些舒缓的音乐，让孩子能够以平静的心态去完成作业。

有的父母会说，孩子的做题速度也十分重要啊。的确，如果孩子做题速度太慢，即便所有的题都能做对，在考试中也不会得到满分。因为做题太慢，总是会导致一部分题没有时间去做。然而，只是追求速度，正确率很低，这就失去做作业的意义了。

娜娜上五年级了，每天放学回家的第一件事情就是写作业，这点让娜娜妈妈十分骄傲。无论作业有多少，娜娜总是能够在吃晚饭之前就完成，然后在晚饭之后，会看看电视、玩手机，等等。

但是，妈妈同时也发现了一个问题：娜娜写作业的速度不慢，但是出错率却很高。比如，语文作业中经常会出现几个错别字，或者是几道错题。

妈妈让娜娜做慢一点，认真一点，但是娜娜下次还是会犯同样的错误。于是，妈妈想了一个办法：娜娜写完作业之后，让她自己去检查作业。但是因为娜娜着急去玩，所以检查起来也十分马虎。随后，妈妈再去检查作业，然后告诉娜娜还有错题，但是不告诉她哪道题错了。娜娜只能再认真地去检查，待检查完之后，再进行改正。这样一来二去，娜娜发现了一个问题：自己吃完晚饭后根本没有时间去玩了。

此时，妈妈告诉娜娜，以后如果做作业还是这样只图速度，不重视正确率，那么只能舍弃玩耍的时间。于是，娜娜开始追求质量，哪怕吃完饭之后还要再花半个小时做作业，也是争取一次性做对。

孩子为了玩耍而忽略做题的正确率，这是可以想象得到的。而有些孩子之所以写作业很快，正确率很低，是因为他们真的不知道怎么解题。我们也会听到有些父母告诉孩子，"我不管你会不会做这道题，反正都不能给我空着"。父母要求孩子即便是遇到不会做的题，瞎做也要填上答案，反正就是不能空着。而有些孩子在写作业的过程中，当遇到不会的题目，他们真的会乱写一通——明明知道自己写的答案是错的，他们也会写上去。

应对这种情况，父母要做的就是告诉孩子，实在想不出解题方法的话，可以寻求父母的帮助。这样做不但能够提升孩子完成作业的速度，还能提升正确率，同时也能够让父母了解孩子对于知识点的掌握情况。

作为父母，当你发现孩子迅速完成作业，开心地去玩了，再看到潦草、错误不断的作业之后，可能会发怒，骂孩子只知道玩，把作业做得一塌糊涂。其实，从另一个层面来讲，孩子做作业不拖沓也是一个好的方面，而孩子追求速度只不过是为了多一些玩耍的时间。作为父母，应该想办法让孩子意识到获取玩耍时间的方法有很多，而通过降低正确率提高速度的方法是十分不可取的。

孩子是天真单纯的，他们只是希望多一些课外时间。而父母要了解孩子这方面的思想，让孩子在追求速度的同时提升正确率，这才是真正意义上的节约时间。

破罐子破摔，反正"我不行"

一位妈妈正在很生气地质问孩子："你为什么放学后不做作业？"

孩子理直气壮地回答道："我做不做作业有什么区别？反正考试成绩永远不及格。"

"不做作业当然不会及格。"这位妈妈咆哮着。

"反正我学习成绩不行，有做作业的时间，我还不如玩会儿呢。"孩子嘟囔道。

有些孩子在经历了学习困境之后，会认为自己"不擅长"学习，认为自己在学习方面已经"无药可救"了，于是，开始破罐子破摔，最后连作业也不去写。作为父母，当孩子出现这种情况之后，要如何去做呢？

父母要分析孩子出现"我不行"心理的原因，其实，很多时候，给孩子造成"我不行"心理的是父母。比如，当孩子的考试成绩不尽如人意时，父母可能会生气地吼孩子："你看你考的分数，在学习上，你什么时候能上点心，什么时候能进步？"这种来自父母的质问，对孩子来讲，就是一种否定，会让孩子认为，父母对自己的学习已经不抱希望了，认为他们也会放弃自己，从而认定自己没有进步的空间。

从孩子的心理层面来讲，当孩子认定自己"不行"的时候，多半是自卑造成的。当孩子对学习产生了自卑情绪，那么他们肯定无法让自己感觉到学习带来的乐趣。一个自卑的孩子，你如何期望他充满激情地去进行学习呢？因此，父母要做的就是帮助孩子树立信心，克服自卑。当孩子说自己不行的时候，父母不妨给予孩子一定的鼓励和支持。

对于有这样想法的孩子，父母就要多鼓励孩子，而不是一味地批评、指责孩子。当孩子感受到来自父母的鼓励和肯定之后，会更加愿意去学习。要知道，学习的道路很长，父母陪伴孩子学习，不仅仅是关心孩子的学习成绩，更多的是要去关心孩子的健康成长，包括孩子的心理健康。当一个孩子总是自卑地认为自己不是学习的"料"时，他怎么可能静下来心去认真学习呢？

那么，在生活中，父母要如何避免孩子产生自卑的心理呢？

1.不拿孩子进行比较

有些父母习惯了拿自家孩子与别人家的孩子进行比较，尤其是拿自家孩子的弱点与别人家孩子的优点进行比较。久而久之，孩子会产生一种思想：我什么都不行。

因此，父母不要将"你看×××学习成绩多好"，"你看你们班×××写的字多工整"这样的话挂在嘴边。

2.不要当众批评孩子

孩子随着年龄的增长，也开始有自尊心了。这个时候，父母应该避免当众批评孩子，因为这会让孩子觉得很"丢人"。

当父母不分场合地对孩子进行批评时，孩子自然会觉得十分委屈，久而久之，就会变得自卑起来。

3.父母要帮孩子发现自身的优点

在生活中，不少父母只看到了自家孩子的缺点，优点多半是别人家孩子所具备的。作为父母，要知道自己孩子的优点在哪儿，而不是一味地去帮孩子找缺点。只有让孩子看到自己的优势，才不会感到自卑。

萌萌是五年级学生，平时学习成绩一直不太理想，这次期中考试的整体成绩还是没有进步，这让萌萌觉得自己再怎么努力也不可能有所进步。于是，老师留的作业，她也不想完成了。当妈妈教育萌萌要完成作业时，萌萌幽幽地说道："反正我也考不好，没什么进步，写作业没什么用。"

妈妈分析了萌萌期中考试的分数，发现萌萌的数学成绩太差，所以才会出现整体成绩不理想的情况。于是，她安慰萌萌道："孩子，谁说你考不好啊，你看你的语文成绩就很好啊。咱们不能因为数学一科的成绩不够理想，就放弃继续努力学习。你要是数学成绩提升上去了，那总成绩肯定会提升很多。"

萌萌听了妈妈的话，开始在数学的学习上多下功夫，最终，在期末考试的时候，萌萌的成绩名列班级前茅。

4.父母要尊重孩子的观点

在生活中，父母总是习惯以"过来人"的身份自居，于是，总是会将自己的观点和思想强加给孩子，对孩子本身持有的观点不屑一顾。更有甚者，父母会忽视孩子的意见和观点，从而给孩子造成一种"被忽视""被轻视"的感受。

父母越是尊重孩子的观点，孩子越容易找到自信。因为孩子能够通过父母对自己意见的认可来获得成就感，从而在学习中，表现得更加积极和自信。

作为父母，我们希望孩子在学习中能够更加自信，而不可否认，如果我们的陪伴不够科学，势必会影响到孩子的心理成长。在生活中，我们会看到一些孩子总是不相信自己，甚至对自己不抱有希望，这就需要父母多花一些时间来了解孩子产生这种心理的原因，然后帮助孩子在学习中找到自信。

一次打击，一蹶不振

曾经在一档综艺节目中，出现了这样一幅场景：

一位母亲的女儿为了参加舞蹈比赛，认认真真地准备了半年时间，但是比赛结果却不够理想，没能进入前三名。比赛结果出来之后，女儿十分难过，痛哭了很久。从那之后，女儿对学习舞蹈十分排斥，平日里的舞蹈课也不愿意去参加了。

待这位母亲讲完这件事情之后，一旁坐着的主持人也频频点头。原来主持人的儿子刚开始十分喜欢化学知识，在化学学习中也非常积极，但是因为在一次考试中，化学成绩十分不理想，所以从那之后，儿子开始排斥化学，最后，化学考试竟然只考了五十多分。

通过上面这个例子，我们可以分析一下，为什么孩子会因为一次的失利或失败，而出现一蹶不振的现象呢？

1.孩子的抗打击能力不够

所谓抗打击能力，指的就是孩子在学习过程中，可能会遇到一些坎坷，而从未经历过失败的孩子往往面对一次的坎坷之后，就会出现一蹶不振的现象。

父母要培养孩子的抗打击能力，就要让孩子尝试失败与挫折，很多父母肯定听说过一个词——挫折教育。让孩子在适当的时候，经历挫折，这有助于培养孩子坚强的性格。换句话说，如果一个孩子在学习上一直是一帆风顺的，那么，突然来了一次失败，他的内心肯定是接受不了的。

抗打击能力是需要父母在日常生活中，对孩子进行有意无意的培养的。比如，父母可以在生活中给孩子设定一些对于孩子来讲，比较困难的事情，这有助于锻炼孩子的意志。

2.培养孩子的"反脆弱"能力

当孩子在经受一次打击之后，表现出一蹶不振，这就表明孩子的内心是相当脆弱的，他经受不起任何失败，更不知道如何去面对失败。

在日常学习中，父母要锻炼孩子的"反脆弱"能力。让孩子经历艰难和困难，那么，当孩子面对失败时，就不会过于失望。

3.帮助孩子理解失败的意义

都说"失败是成功之母"，作为父母，要告诉孩子失败的意义是什么，如何才能从失败走向成功。因为很多孩子在经历失败之后，他们不知道如何去面对这次失败，而只有做好正确的引导之后，孩子才能够真正理解失败意味着什么。

一次的失败只不过代表这段时间的学习效果不够好，父母可以帮助孩子分析一下学习情况，然后，帮助孩子找到更好的学习方法。让孩子学会从失败中总结经验，这有助于孩子在学习中得到提升，从而取得成功。

如果孩子因为一次的失利，而变得十分沮丧，那么父母要如何去做呢？

1.给孩子一定的空间，让孩子度过一个平静期

当孩子失败之后，他需要去面对失败的结果，此时，心情十分低落，这种现象是可以理解的。此时，父母千万不要去责备孩子"这点困难就让你变得这样"，"一点出息也没有"，等等，这样的话只会让孩子更加无助和沮丧。

孩子在失败之后，需要独立的空间，此时，父母既不要去责备孩子，也不要去给孩子讲什么人生的大道理，因为此时，无论你说什么，孩子也听不进去。父母要给孩子足够的空间，让孩子先恢复平静的心情，这样有助于接下来开导工作的展开。

2.开导孩子，表达父母的感受

当孩子经历失败时，父母肯定希望能够去开导孩子，而在开导的过程中，父母要表达出自己很理解孩子的感受，而不是一味地给孩子讲大道理。要让孩子知道"失败"这件事情，并不是多么严重的事情，这样能够帮助孩子放松心情。

3.协助孩子找到失败的原因

当孩子的心情得到平复之后，父母可以让孩子寻找失败的原因，从失败中汲取经验，避免下次再犯同样的错误。

在学习过程中，出现一两次的失败并不是一件不可救药的事情，从父母的心理角度来讲，就应该将孩子学习失利看作一件平常的事情。此时，当孩子表现得过于失望时，父母更应该学会站在孩子的角度去分析，帮助孩子摆脱消极的心理，从而更加积极地去应对接下来的学习。

高效的陪伴孩子并不单单是督促孩子学习，更需要了解孩子的心理变化，及时帮助孩子调整心态。只有这样，孩子在学习的过程中，才能够收益颇丰。

好的科目越好，差的科目越差

　　孩子对某一科目特别擅长，而对有些科目却十分不擅长，这就形成了"偏科"的现象。在学习过程中，出现偏科的现象并不奇怪。但是偏科的确会影响到孩子总体的成绩，不仅如此，偏科还会影响到孩子的自信心，父母应该重视这一现象。

　　那么，孩子形成偏科的原因有哪些呢？其实，孩子喜欢某个科目除了兴趣使然，还可能是喜欢老师的授课方式，喜欢知识点，等等。同样，偏科的原因也可能是这些。曾听到一个孩子说自己之所以不喜欢学数学，是因为数学老师讲课太慢了，语气太轻，听着听着他就犯困想睡觉。可见，造成孩子出现偏科现象的原因有很多。

　　一位初一的女孩儿在上初中之前，各门成绩都不错，但是到了初中，数学成绩就不好了，语文和英语成绩却很好。

　　妈妈问她为什么学不好初中数学，她回答说："我们数学老师讲课时，说话速度太快，我听不清。再说，我是个女孩儿，数学学不好很正常。你看看我们班数学成绩好的都是男孩儿。"

这位妈妈听了女儿的话后，先是跟老师沟通，希望老师能够保持一个正常的讲课语速。然后她告诉女儿，任何科目学习不分男女，男孩儿可以擅长语文，女孩儿也可以擅长数学。

通过这个案例，我们可以看到，这个女孩儿之所以放任自己偏科，其原因是不适应老师的授课语速和自己先入为主的学习观点。那么，在生活中，作为父母应该如何来帮助孩子避免出现偏科的现象呢？如果孩子出现偏科现象，父母又要如何去做呢？

当父母发现自己的孩子出现偏科现象时，不妨端正心态，然后帮助孩子制订一个合理的学习计划，让孩子在日常学习中，对不擅长的科目能有更多的时间去进行学习。

有些孩子经常会出现"单科独进"的现象，即孩子某一科目学习成绩特别棒，但是其他科目却很差。这往往是因为孩子在这个科目上感受到了成功的喜悦，因此，更加愿意花时间和精力去学习。而在其他的科目上他感觉不到成就感，于是，他就放弃了其他科目的学习。面对这种情况，父母就要帮助孩子制订学习计划了，不能让成绩好的科目占用成绩不好的科目的学习时间。

兴趣是孩子学习的最好的老师。当孩子对某一个科目不感兴趣时，学习肯定是被动的。如果父母能够培养孩子的兴趣，让孩子对某一科目感兴趣，那么，他肯定会主动地去进行学习，从而摆脱偏科的现象。

3.帮孩子找到正确的"补救"方法

任何学科的学习都是有方法可言的，对于孩子来讲，如果他对某学科不擅长，那么多半是因为没有掌握学习的方法。此时，父母应该帮助孩子找到学习的方法，比如，给孩子报辅导班，给孩子请家教，等等。只要是能够帮助孩子摆脱偏科现象的方法，都可以去进行尝试。

4.避免孩子先入为主的思想

有的孩子会对某学科的认识先入为主，比如，孩子听别人说化学很难，于是认为自己也学不好，便会有放弃认真学习化学的想法。因此，父母要帮助孩子取消先入为主的学科偏见，让孩子从内心公平地对待每一个学科。

5.消除对老师的偏见

当孩子不喜欢某个科目的老师时，可能就会抵触这个科目的学习。如果父母知道孩子偏科的原因是孩子抵触某个老师，那么父母要想尽办法消除孩子对老师的抵触心理。

父母应该都知道木桶效应，即一个木桶能盛多少水，取决于最短的那块儿木板。对于孩子的学习也是一样，孩子的成绩能有多大的进步空间，主要取决于孩子不擅长的科目。因此，在孩子的学习过程中，一定要让孩子将不擅长的科目变得擅长。

对于孩子来讲，他之所以会出现偏科的现象，无非是来自个人原因、老师原因、家庭原因、学校原因等方面的影响。父母要及时了解孩子偏科的原因，找到原因才能找到更好的解决方法。

专家建议

给男孩儿"颜面"，学习成绩才会"体面"

父母应该了解男孩儿的特点，往往男孩儿都是要"面子"的，尤其是在同学面前，每个男孩儿都不希望暴露自己的缺点和弱点。因此，有专家指出，在陪伴男孩儿学习的过程中，父母要做的就是保全孩子的"颜面"。当孩子觉得父母给足了自己面子，自然会在学习上更加认真，从而学习成绩会更加"体面"。

1.在孩子学习出错后，要"对题不对人"

所谓"对题不对人"，指的就是要和孩子讨论出错的题，而不是一味地攻击孩子。有些父母看到孩子做错题，便开始骂孩子"你怎么这么笨，这么简单的题都能做错"，等等，这样的言论往往会伤害孩子的自尊心和自信心，这是父母应该避免的交流方式。

2.不在其他父母面前诋毁自己的孩子

有些父母习惯去看到别人家孩子的好，根本看不到自家孩子的优点。当父母们在一起讨论孩子的时候，有些父母会当着孩子的面，说一些孩子的缺点。比如，有些父母会对其他父母说"我家这个孩子学习特别马虎，十道题能做错五道题"等，这样的话语在无形中会给孩子造成心理伤害。

3.给男孩儿自我展示的机会

有些父母十分不信任自己的孩子，尤其是当男孩儿犯错之后，父母总是抱着怀疑的态度，然后出手帮助孩子。其实，这种行为会让孩子觉得十分"没面子"。父母应该给孩子自我展示的机会，这样能够增强孩子在学习中的自信心。

　　与男孩儿沟通时，父母要掌握一定的技巧，要学会给男孩儿足够的"颜面"，不要伤害孩子的自尊心和自信心。这样才能换来孩子积极的学习心态，父母的陪伴才能更有效。

给女孩儿足够的时间，成绩才有上升的空间

在对女孩儿的学习心理和状态进行了解之后，父母可以发现，拖沓的学习现象多半出现在女孩儿身上，因为女孩儿的心思比较细腻，这也就意味着更加容易受到外界的干扰。

因此，有专家建议，父母在对女孩儿的教育过程中，一定要给女孩儿足够的学习时间，当时间上得到满足，孩子的学习成绩自然就有所上升了。

1.女孩儿的慢性子，需要父母付出更多的耐心

在生活中，我们可以发现，很多女孩儿都是慢性子，做事情从来不着急，尤其是对待作业，总是没有紧迫感。此时，父母要做的除了适当地催促孩子写作业之外，更多的是给孩子足够的耐心。

错误的教育方式是有些父母会不断地唠叨和催促孩子去完成作业，而这样的结果往往是作业的正确率很低。

2.帮孩子进行时间规划

当你发现自己的女儿做作业速度很慢时，不妨给孩子进行时间规划，比如，在什么时间段做什么作业，在几点之前必须完成作业，等等。当你给孩子做了时间规划，孩子的学习效率就会有所提高，学习成绩自然也会变得更好。

3.学会跟随孩子的学习节奏

其实，每个孩子都有自己的学习节奏，而且有的孩子知道自己在什

么时间段学什么能够达到更好的学习效果。比如，当女儿想要早起完成英语作业时，那么父母可以按照孩子的学习节奏和效果来进行安排，这样做对孩子的成绩提高是有很大帮助的。

大多数父母希望孩子能够高效地完成作业，但是这可能是父母一厢情愿的事情，毕竟孩子写作业的速度会受到性格的影响。因此，父母可以根据孩子的性格来制订学习计划，帮助孩子更好地去完成作业。

第四章

陪孩子写作业不能忽视的误区

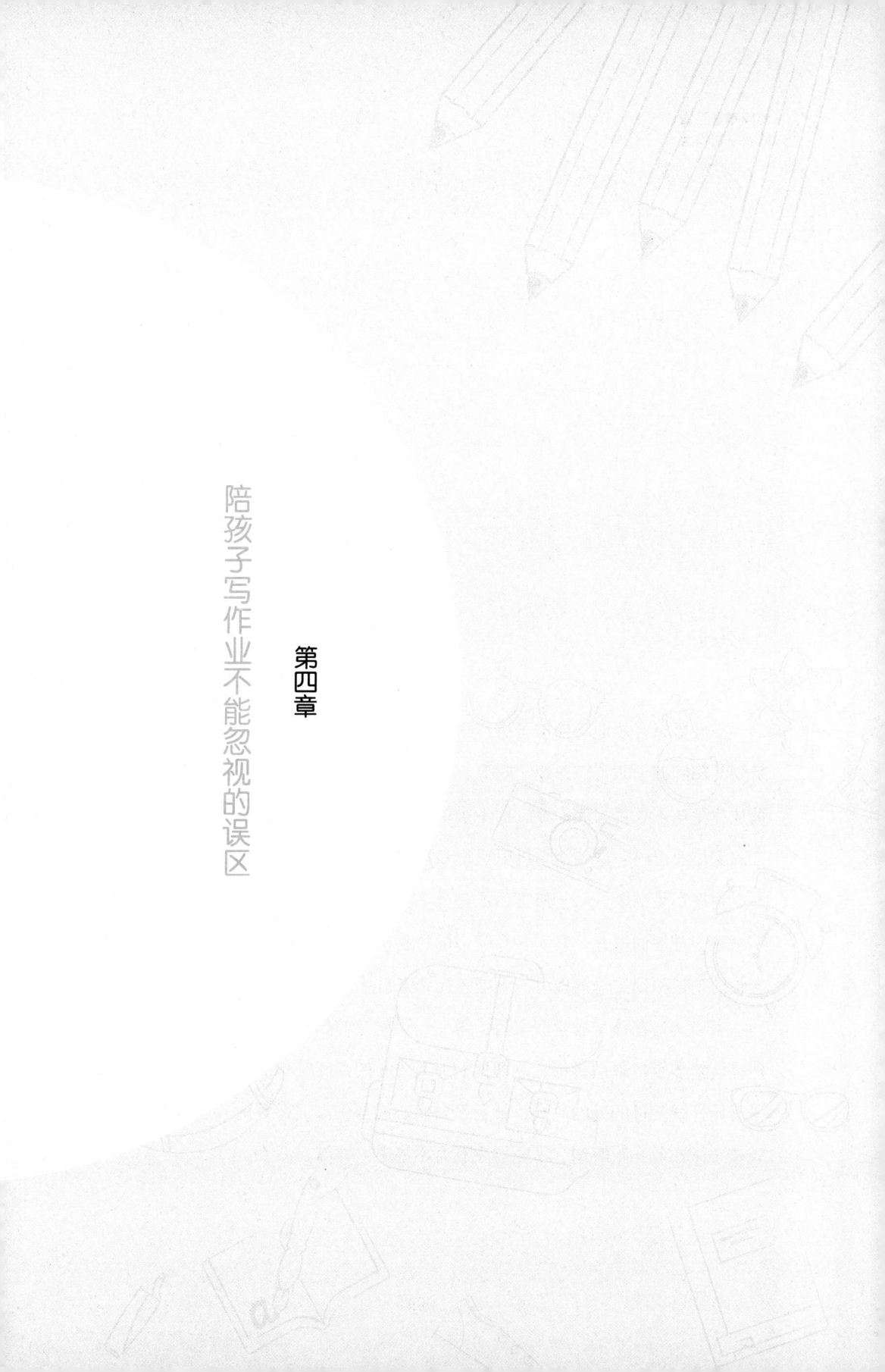

放学第一句话：作业写完了吗？

父母要想有效地陪伴孩子进行学习，就应该避免进入陪伴误区。我们经常会听到父母问孩子"写完作业了吗"，尤其是在孩子放学回家之后，父母关心的事情往往是孩子是否写完作业，而不是关心孩子是否饿了、今天是否开心。要知道"写完作业了吗"这句话会折射出很多秘密。

在现实生活中，孩子最害怕的是什么？是父母以爱孩子的名义，说着或做着不被孩子理解的事儿。其实，在学习的过程中，孩子往往不怕累，也不怕吃苦，害怕的是得不到父母的理解，不能感受到来自父母的爱。

很多父母在孩子放学回家后，第一句话就是问孩子"写完作业了吗"，这样往往会给孩子带来一种错觉，即你们大人关心的到底是我的作业，还是我？当孩子开始怀疑父母的爱的时候，就会发自内心地与父母进行对抗，于是父母就会发现孩子做作业开始磨蹭、马虎、注意力不集中，等等。

1.父母要正确表达对孩子的爱

相信天下所有的父母都是爱自己的孩子的，而在陪伴孩子学习的过程中，父母也要学会去表达自己对孩子的爱。比如，孩子放学回家，先不要着急关心孩子的作业，而是要先问问孩子"饿不饿呀？""今天开不开心啊？"

当孩子感受到来自父母的爱之后，就会愿意为了来自父母的爱而付出更多更大的努力。比如，妈妈问孩子："今天累不累啊？累了的话，先玩一会儿再写作业。"孩子听到这样的话，往往会更理解父母，回答道："不累，我先写作业吧。"

2.父母要学会换位思考

孩子上学并不是一件轻松的事情。作为父母，不妨换位思考一下，如果你上了一天班，回家之后，你想休息一会儿，却被催着去做饭，你的心情会是怎样的？你可能会生气地去抱怨自己累，也可能会因为心情不佳而与对方发生争吵。作为大人，上了一天班之后，还希望自己能够先休息一会儿，更何况是精力更有限的孩子。

孩子放学回家后，如果父母一味地催促孩子去"写作业"，那么很可能会让孩子十分反感，甚至会影响到亲子之间的感情。

3.父母需要时刻关心孩子学习累不累

在生活中，我们会遇到一些父母只关心孩子学习的结果，根本不关心孩子学习的过程。这种父母往往不会在意孩子学习是不是累了，这会给孩子造成一种错觉：父母只在乎我的学习，根本不在乎我的身心是否疲惫。

佳佳放学回家，妈妈问道："回来了啊，今天的作业写完了吗？"

佳佳："妈，您除了关心我的作业，还关心别的吗？"

妈妈："难道今天考试了？"

佳佳："没考试！我饿了。"

妈妈："你就知道吃，写完作业再吃饭。"

佳佳："饿死我得了。"

妈妈："你这孩子怎么回事，一让你写作业就开始抱怨。"

佳佳："我这是抱怨吗？您能不能关心一下您闺女是否累了、饿了，是不是开心，您除了问作业就是问考试，好像除了学习，其他的事儿您一点儿也不关心。"

妈妈："上学有什么累的，你现在主要的任务就是学习。我不关心学习，那还能关心什么呢？"

佳佳生气地回自己房间去了。

这是很多父母与孩子面临的状态，孩子本身是不抵触学习的，但是因为父母只将目光锁定在孩子的学习上，这就造成孩子十分反感学习的现象出现。

孩子在学生阶段，的确应该以学习为重，父母看到孩子，首先会想到孩子的学习情况，这是毋庸置疑的。但是作为父母，更应该从心底去关心孩子的各个方面，包括孩子的心情。当孩子感受到来自父母的爱时，会更愿意主动地去学习，甚至更加努力地去学习。因此，父母不要总是问孩子"写完作业没"，不如换成"累了就休息一会儿再写作业"，后者的效果会更好。

父母是孩子的"作业检查机"

　　轩轩上小学三年级，暑假去姑姑家小住，监督学习的任务就自然而然地落在了姑姑的头上。

　　轩轩每次在写完当天的暑假作业之后，习惯性地将作业本放到姑姑的面前，让姑姑给他检查作业。

　　姑姑好奇地问道："在家里时，父母是不是经常帮你检查作业？"

　　他点点头。

　　姑姑问他："你自己为什么不检查？"

　　他反问道："检查作业不应该是大人该做的工作吗？"

　　想必，很多孩子都是这样认为的，认为自己只要负责写作业就好，而检查作业是父母的事情，甚至是老师的事情。这种思想的形成，多半是因为在家庭中，父母承担了检查作业的所有责任。孩子写完作业就等于完成工作，父母便开始上场工作——在辛苦忙碌了一天后，还要熬灯点蜡地给孩子检查作业。

甚至很多父母可能都认为，这就是父母应该做的事情。但是，要知道当孩子进入考场，父母不可能给他检查是否正确，老师也不可能告诉孩子哪道题做错了。由此可见，父母不应该是帮助孩子检查作业的机器，检查作业本身也不应该由父母来完成。

孩子不仅要有独自完成作业的能力，更要有查错改错的能力。做作业的主体是孩子，而检查作业正误的主体也应该是孩子。所以，当孩子写完作业之后，父母不要着急"帮忙"，而是要让孩子先检查自己做得是否正确。这种方式是为了养成孩子查错纠错的习惯，当孩子真正进入考场之后，才会有意识地对考题进行检查。

有些父母可能会发现，即便让孩子检查完自己做的题之后，还是会有错误没被发现。这个时候，聪明的父母会再次要求孩子认真检查。当孩子在检查了两次之后，父母如果发现仍然还有错题，此时，可以提醒孩子，让孩子再认真地对错题进行思考。

那么，在生活中，如果孩子养成了让父母检查作业的习惯，这究竟会产生怎样不良的后果呢？

1.孩子的"假优秀"，让孩子失去"免疫力"

可想而知，如果孩子每次做完作业，父母都帮助检查作业，然后督促孩子去改正错题，那么孩子的作业肯定是"完美的"，老师是不可能发现孩子的知识弱点的。这个时候，孩子呈现出来的状态就是"优秀"，作业本上的批改每次肯定也都是"优"。久而久之，孩子会自认为是优秀的，因为老师批复了"优"。

孩子会认为自己每次都可以做对，但真正到了考试的时候，没人再帮助查错，那么孩子也不可能在试卷上呈现出"完美"。看到不尽如人意的得分时，孩子的内心肯定是崩溃的，因为平时自己一直都是"优"，为什么考试时却成了"差"呢？

在面对这种打击的时候，孩子是没有心理免疫力的，自然会很难接受这样的结果。不仅如此，父母也往往不能接受这种结果，认为自己平时付出了那么多的心力去帮助孩子查作业、改作业，孩子考试时却考得这么差。父母逐渐地会在内心形成反差，开始将矛头指向孩子，认为是孩子在平时的学习过程中不够认真，从而责备孩子、惩罚孩子，最终，使得亲子关系变得很差。

2.老师根本不知道孩子的优弱点在哪儿

当孩子交给老师的作业都是完美无缺的时候，老师会错误地认为孩子掌握了所有的知识点，而在教学过程中，老师便不再对疑难知识点进行重复讲解，这样一来，孩子便少了再次理解知识点的机会。

要知道，作业是孩子对知识掌握情况的一种真实反映，如果父母帮助孩子检查作业，那么，老师根本不知道学生掌握了哪些知识点，还有哪些知识点没有掌握。这对孩子来讲，本身就是一种伤害。

3.容易让孩子丧失自我反省的能力

对作业的检查过程，其实是一个自我反省的过程。当孩子写完作业之后，父母让孩子自己去检查作业，这本身就是让孩子对自己所学的知识点进行自省。

无论是在哪个年龄段，人贵要自省。一个人不懂得自省，往往会吃亏。因此，父母要从小培养孩子的自省能力，而自我检查作业的过程便是自省能力养成的过程。父母代替孩子，帮助孩子检查作业，孩子自然就失去了自省能力养成的机会。

4.纵容孩子的"懒学"心理

人都有懒惰的心理。在孩子学习这件事情上，如果父母过分积极和勤快，那么孩子自然就会变得懒惰。如果父母表现出"懒惰"，孩子则会变得勤快。就拿帮助孩子检查作业这件事情来讲，如果父母习惯性地去帮助孩子检查作业，孩子自然就会变得懒惰，他们就懒得去检查。久而久之，父母就助长了孩子"懒惰"的习惯。

在当今教育过程中，我们不可否认，很多老师希望父母能够帮助孩子检查作业，目的是减轻老师的批改负担。但是，这对孩子的学习能力提升并没有好处。父母在陪伴孩子学习的过程中，要给予孩子一定的帮助，但不能让孩子完全依赖父母的帮助。把握住帮助孩子学习的度十分关键，每个父母都应该在孩子学习的过程中，让孩子养成"自查自省"的习惯，只有这样，孩子才能够真正地掌握知识，掌握学习方法。

一切时间都是用来 "抓紧写作业" 的

"孩子的学习时间是宝贵的"，相信大部分父母都会这样认为。很多父母为了能够让孩子拥有充足的写作业时间，便什么事情也不让孩子参与。当孩子站在父母面前时，很多父母只会对孩子说一句话"抓紧时间写作业"。

在每个年龄段，人都有重要的事情去做。在上学期间，父母会将孩子的任务定位为学习。的确，不可否认，学习的确是孩子在上学期间最重要的事情之一，但是这并不意味着孩子不能花费时间去做其他的事情。

江密是小学六年级的学生，他说自己不会洗衣服，就连袜子都没有洗过。

原来，江密在家里除了学习，父母从来不让他参加家庭劳动，更不要说洗衣刷碗了。江密的学习成绩并不是太好，也正因为学习成绩不够好，父母更是不让他"浪费"时间做其他的事情。江密回家的第一件事就是写作业，直到晚上九点半睡觉之前，除了吃饭的时间，其他时间都是在学习。

很多父母可能也会有这样的疑惑，孩子每天花费这么多的时间学习，可为什么成绩还是不够理想呢？

1.失去了灵活思维的能力

孩子不是学习的机器，孩子是人，他需要通过参与其他的活动来调节自己的大脑，让大脑变得更加灵活。如果一个孩子每天除了吃饭就是学习，那么可想而知，他的大脑根本感受不到外界其他事物的刺激，思维方式也就容易固化。

2.孩子大脑一直处在疲惫状态

如果孩子一直处于学习状态，大脑得不到休息和放松，那么肯定会疲惫的。而当一个人的大脑处在疲惫状态，学习能力自然就会很差。因此，节约一切时间让孩子写作业、学习，并不能达到好的学习效果。

3.缺少责任心

一个孩子的责任心的培养不仅仅是来自学习，更多的是来自参加家庭活动或者课外活动。当孩子在参加活动的时候，才会更有责任感和担当意识。因此，父母应该让孩子抽出一定的时间参加活动，培养孩子的责任心，这对孩子的学习也是有帮助的。

4.孩子的压力会倍增

对于孩子来讲，他们有来自学习的压力，更多的时候，学习本身不会对他们产生压力，而是父母的言行会带来压力。当父母要求孩子利用一切时间去学习的时候，孩子的内心是充满压力的。

孩子的心理压力需要有释放点，而父母要做的就是给孩子提供释放压力的点。通过参加一些家庭劳动或者出去玩耍，能够让孩子的学习压力得到释放，这对孩子接下来的学习也是有好处的。

孩子最终会走向社会，而面对社会中的挑战，光具有知识是不够的，父母应该让孩子学会更多的技能，只有这样孩子才能经得住社会的挑战。父母一味地让孩子去抓紧时间写作业，孩子在心理上会产生紧张感，而当孩子的紧张感达到一定限度时，内心就会崩溃。因此，父母除了关心孩子的作业之外，更应该给孩子提供一定的玩耍时间，让孩子在玩中获得快乐，这样孩子在学习时才能有更好的状态。

父母常说"别人家的孩子什么都会"

我们常说"没有对比，就没有伤害"，可见，"比较"会影响人们的心理健康，比如，一个人凭借几年努力，好不容易攒钱买了一辆十万块钱的小汽车，而此时，他的好友中了彩票，一夜之间成为了千万富翁，买了一辆上百万的小汽车。这个人暗自与好友进行了对比，心想，自己努力了这么多年还不如对方一个夜晚获得的多。他的内心自然会产生不平衡，甚至产生嫉妒心理。众所周知，嫉妒和内心的不平衡都是不健康的心理反应。成年人通过互相比较会如此，孩子亦是如此。

很多父母经常会将"别人家的孩子"挂在嘴边，比如，别人家的孩子学习多么多么好，别人家的孩子多么多么优秀，等等。似乎自己的孩子一无是处，只有别人家的孩子才是最好的。这样的语言其实会在无形中给孩子造成心理压力，甚至会影响孩子的心理健康。

在一档名为《少年说》的综艺节目中，一个孩子深情地对父母说："孩子不都是别人家的好，别人家的孩子可没有我这么爱你们。"孩子之所以说出这样的话，就是因为在日常学习过程中，他的妈妈总是拿他与同学进行比较，而对比的对象是全年级第一名的学生。

有些父母拿自家孩子与别人家的孩子进行比较，是不由自主的行为。而有些父母则是故意这样做的，目的是激励孩子向那些学习好的学生学习。然而，父母的这种比较在很多时候可能达不到好的教育效果，反而会让孩子的内心感到很不开心。对于性格大大咧咧的孩子来讲，这种比较可能不会对他们造成太大的心理负担，然而对于那些心思细腻，比较敏感的孩子来讲，这种比较无疑是一种伤害。

1.容易让孩子变得自卑

如果父母只看到别人家孩子的优点，看不到自家孩子的优点，甚至只看到了孩子的缺点时，孩子会很自卑。尤其是当父母习惯强调孩子的缺点时，孩子可能会发自内心地承认自己所有的缺点，让缺点掩盖自己的优点。久而久之，孩子甚至认为自己根本没有优点可言。

2.容易给孩子树立不好的榜样

很多父母经常会教育孩子不要进行攀比，但是要知道父母的这种"比较"其实也是一种攀比。父母攀比别人家孩子的好，蔑视自家孩子的不好，这就是给孩子的一种错误示范。

如果孩子很直接地对父母说："爸爸，你看×××买新手机了，我也要一部新款手机。"父母一定会责备孩子："你怎么就知道攀比这些物质上的呢？"孩子可能会直接反驳道："爸爸，那你和妈妈为什么总是拿我跟×××比学习呢？"

的确如此，如果父母不一味地攀比孩子的学习，孩子自然不会攀比物质。

3.容易让孩子失去自我

父母拿别人家的孩子与自己家的孩子进行对比，无非是希望自己家的孩子能够向对方学习，希望自己的孩子能够像对方一样学习成绩优秀。然而，如果孩子将对方当作行为的一切参照物，就很容易失去自我，失去自我的特点。

爸爸："儿子，你看看你写的作业，怎么这么乱？你看看你们班张小北，写的字多好看，作业特别工整。"

儿子："他写的字再好，也不能当饭吃啊。"

爸爸："你写这样的字就能当饭吃？张小北每次考试都第一名，肯定和他写得一手的好字分不开。"

儿子："我写的字再好，也考不了第一名。"

爸爸："那人家张小北怎么能考第一名？"

儿子："我哪儿知道，我又不是张小北。再说了，他考第一名也不会喊你'爸'。"说完，儿子甩门出去了。

当父母总是将自家的孩子与别人家的孩子进行对比时，孩子往往会产生反感的心理，久而久之，就会变得叛逆，这对教育孩子是十分不利的。作为父母，应该看到自家孩子的特点和优点，不要拿自家孩子的缺点与别人的优点进行比较，更不要认为这种教育能够激励孩子，让他更加努力。

没有孩子愿意与别人进行比较，父母要避免自己将自家孩子的缺点当"口头禅"，唠叨孩子的缺点只会让孩子更抵触父母的管教。因此，父母不要让"别人家的孩子"毁了自家的孩子，更不要让这种比较伤害到孩子的心理。

孩子做作业，父母玩手机

什么是陪伴孩子写作业？有的父母认为，只要守在孩子身边，看着孩子写作业就是陪伴孩子。于是，我们经常看到这一幕：孩子在灯光下埋头学习，父母在一旁一边不停地"刷"手机，还一边唠叨："认真写作业啊。"

山东的一所中学曾经做了一个活动，即孩子给爸爸妈妈写一句话。其中百分之六十以上的孩子写道："希望爸爸妈妈多陪陪我，少玩会儿手机。"可想而知，很多时候，父母只是打着陪孩子的"幌子"，在旁边不停地玩手机。

还有些父母总是抱怨道："我的孩子总是玩手机，我不让他玩，他就自己偷偷地玩。"曾有一位育儿专家反问道："父母在家时，玩不玩手机？当着孩子的面，是不是也在玩手机？"父母是孩子最好的榜样。如果父母在孩子面前不停地玩手机，孩子自然也会爱上玩手机。如果父母在孩子面前多看书，孩子自然也会爱上看书。

在中央电视台举办的《中国诗词大会》节目中，一位名叫武亦姝的小姑娘夺得冠军，从此之后，她一下成了名人，再之后，通过自己的努力，考上了清华大学。她能有如此骄人的成绩，离不开她爸爸的以身作则。

她爸爸是一名律师，每天坚持一个原则：四点半下班回家之后，将手机关机，也不看电视，而是陪伴孩子一起读书学习。武亦姝夺冠后，一举成名，收到了很多电视台和商业活动的邀请，她爸爸一并拒绝了，他想让女儿继续专心学习，为高考做准备。最终，武亦姝顺利考入清华大学，并受到了校长的赞扬。

由此可见，父母的榜样作用是十分巨大的，对孩子的影响也是很大的。有的父母会说，下班回家还有很多事情要通过手机来操作，不看手机是不可能的。即便如此，父母在陪伴孩子学习的时候，也应该专心陪伴，而不是不停地看手机。

父母要求孩子认真写作业，不去玩手机，而父母却在孩子写作业的时候不停地玩手机，孩子怎么可能不受影响呢？这样的陪伴并不是真正的陪伴。

小月因为没有完成家庭作业，被老师叫到办公室。

老师问她，为什么没有完成作业？

小月说道："爸爸在我旁边不停地接电话，我根本没办法集中注意力。"

原来，小月的爸爸在陪伴她写作业的过程中，不停地接打电话处理工作上的事情，导致小月不断走神。

小月面临的这种情况，很多孩子也经历过，本来孩子是可以独立完成作业的，但是父母在一旁"监督"的时候，却在不停地玩手机或者是接打电话，反而影响到孩子的学习，让孩子无法静下心来进行学习。这个时候，父母的陪伴对孩子来讲，并不是一件好事，对孩子的学习没有丝毫帮助，甚至还会影响到孩子的正常学习。

众所周知，孩子的自控能力相对较差，如果父母在孩子学习期间，不停地在孩子面前玩手机，这会给孩子造成一种诱导，让孩子在学习的过程中容易分心走神。因此，父母要注意自己的行为，不要因为自己不好的习惯影响到孩子的学习。

父母是孩子的第一任老师，父母的言行都会成为孩子的学习榜样。在孩子学习这件事情上，如果父母的行为打扰了孩子的学习，那么孩子很容易产生厌学的心态。

有一位教育专家说过这样的话：如果父母经常在孩子面前玩手机，当父母再去要求孩子不要玩手机的时候，是缺乏说服力的，因为在玩这件事情上，父母不占理。的确如此，孩子会想："作为爸爸妈妈，你们天天没事儿还玩手机，我怎么就不能玩一会儿了。"因此，要想教育好孩子，作为父母首先要做的就是给孩子做好榜样。

如果父母下班回家后还有事情必须要用手机解决，不妨将这些事情延后解决，待孩子写完作业，不需要父母陪伴的时候，父母可以回到卧室，很认真地去处理事情，这样做也能够给孩子起到做事认真的榜样作用。但是在陪伴孩子写作业学习的时候，父母尽可能不要去看手机，更不要玩游戏、刷视频，这对孩子的成长都是十分不利的。

不允许孩子写错，一做错就咆哮

"望子成龙，望女成凤"是所有父母的心愿，因此，在孩子的学习过程中，很多父母见不得孩子出错，一旦孩子出错，父母就会很生气地去责备孩子，甚至还会体罚孩子。

作为父母，我们不妨回想一下：如果在工作中，我们只要出一点点的错误，上级就吼骂我们，那么我们是不是会十分生气？是不是会非常沮丧？甚至会有想要换工作的冲动。大人会如此，更何况孩子？当孩子在写作业的过程中，因为出现一点点的错误，父母就不能容忍，那么孩子的内心肯定是崩溃的。

孩子终究是孩子，我们不能要求孩子不犯错，孩子也不可能不犯错。学习再好的孩子，也可能会出错，作为父母首先要正确地认识孩子所犯的错。当孩子写错之后，父母要分析孩子是因为不会做而写错的，还是因为粗心大意写错的。父母不应该将目光单纯地放在孩子写错这件事情上，而是要对写错的原因进行挖掘，只有这样，才能帮助孩子改错，父母陪伴学习也才更加有意义。

一个三年级的小男孩儿对老师说："老师，我不敢回家。"

老师问："为什么不敢回家？"

"因为我一写错题，爸爸就吼我。"孩子委屈地说道。

老师问："单单是因为写错题吗？"

孩子说道："嗯，是的。"

很多"虎爸虎妈"认为，要想让孩子成才，就要让孩子长记性，而长记性最好的方法就是体罚。其实，父母对孩子的这种教育根本达不到教育孩子的目的，反而会给孩子的内心增加负担。

同样，如果父母在陪伴孩子学习的过程中，发现孩子写错题就火冒三丈，冲孩子又嚷又吼，那么会造成怎样的后果呢？

1.孩子一写作业就紧张

一位妈妈说自己的孩子放学回家一写作业就要上厕所，而且只要她批评孩子写错了，孩子肯定会去上厕所。其实，这是孩子紧张的一种表现。当孩子紧张的时候，他可能会出现这种情况，而造成孩子紧张的主要原因，恐怕就是这位母亲对待孩子的态度了。

当孩子对写作业产生紧张，乃至恐惧的心理后，怎么可能专心地去写作业呢？他更可能将主要的精力放在担心来自父母的吼骂上。

2.吼叫没有任何意义

当父母因为孩子犯了一点点的错，就着急上火，对孩子大喊大叫，久而久之，孩子会习以为常，对父母的这种表现会不屑一顾。而当孩子再次出错或者是犯更大的错误后，父母再吼叫孩子就变得没有任何意义了。因此，父母要控制自己的情绪，不要在小错上太过情绪化，否则错误教导方式很可能让孩子产生免疫力。

3.厌学情绪的产生

孩子为了躲避父母的吼骂，会将这一切的罪魁祸首归结为学习本身。从而，孩子会认为只要自己不学习，自己就不会出错，父母自然也就没有理由吼骂自己了。于是，孩子开始逃课、厌学，甚至会辍学。

4.亲子关系恶化

不提学习的时候，父是父，子是子。一提到学习，父子如敌人。

这种状态，恐怕很多父母都经历过。很多时候，亲子关系的恶化，往往都是因为学习问题。当父母不允许孩子在学习中犯错时，很多孩子会觉得很委屈，甚至会顶撞父母，这就会让父母与孩子都觉得不愉快，家庭和睦自然也就变成了奢望。

对于孩子做错题这件事情，父母完全可以通过做错的题来找到孩子学习的问题所在。比如，当父母发现孩子在进行数学乘法运算过程中出错了，那么父母就能够分析出来孩子对乘法口诀记忆的不熟练，可以在这方面加强对孩子的训练。当孩子在默写生字的时候出错了，那么，父母可以通过孩子的默写情况来判断孩子对生字的掌握情况，然后帮助孩子对掌握不彻底的生字进行强化训练。因此，孩子写错作业，其实就是一面镜子，而这面镜子可以折射出孩子不擅长或者是不熟悉的知识点，这样才能让父母有意识地去帮助孩子巩固学习。

对于写错题这件事情，其实孩子的内心也是不愿意的。父母在看到孩子做错题的时候，不要急于去责备孩子，而是要分析孩子写错的原因，然后帮助孩子进行改正，避免孩子再次出现类似的错误，这样的陪伴才是有意义的陪伴。对孩子来讲，这样的陪伴方式也才是孩子愿意接受的陪伴方式。

用体罚来解决一切问题

在教育孩子的过程中，难免会对孩子进行惩罚，只鼓励不惩罚的教育方式成效也不会太过突出。当然，也有些父母认为，对孩子进行体罚是解决一切问题的最关键步骤。因此，他们热衷于对孩子进行体罚，希望通过体罚的方式来让孩子认识到事情的严重性，以及认识到自身存在的缺陷。然而，体罚并不是教育孩子的"万能法宝"，而且会造成很严重的后果。

苏联教育学家苏霍姆林斯基说过："不用理智、温柔的良言善语，用皮带抽和打耳光，如同对雕塑对象不用雕刻家的精巧雕刀，而动用了生锈的斧头。"同样，对孩子的教育也是如此，很多父母发现孩子犯错之后，无论孩子犯错的原因是什么，都会通过"打"来解决问题，这种教育方法对孩子来讲是十分不公平的。换句话说，当父母发现孩子的问题后，不去选择正确的方法教育孩子，总是期望用最简单、最粗暴的方式来体罚孩子，这无疑会伤害孩子的内心。

不可否认，孩子的成长过程，就是"犯错"与"改错"的过程。世界上没有任何一个孩子在成长的过程中不犯错，同样，也没有任何一个父母通过简单粗暴的教育方式能让孩子成才。

在英国的一家媒体的报纸上刊登了一件事情：一位年近八岁的男孩儿，因被亲生爸爸打折了五根肋骨而入院治疗。那爸爸为什么会将孩子打成重伤呢？原来，在写作业的过程中，孩子不认真写作业，偷偷地玩玩具，让暴躁的父亲十分生气，一气之下，将孩子打倒在地。对于孩子来讲，体罚会对其身体发育造成很严重的后果。

体罚教育并不是一种理智的教育方式，被教育学家称为"无能的教育"。当父母觉得无计可施的时候，就会想通过自己高大的体格和强大的力量来征服孩子，而这种征服是建立在不对等、不公平的基础上的，因为孩子本身是弱小的、无力的，父母是高大的、充满了力量的。对于孩子来讲，这种教育方式就是不公平的。

或许有些父母看到了一些天才的成长经历——宣称这些天才都是被父母"打"出成绩的，于是便开始效仿这些"天才"的父母所奉行的教育方式，从而开始自己的"天才"培养之路。的确，在现实生活中，有一些人之所以能够成才，离不开父母的"督促"，但是每个孩子的情况都是不同的。父母应该根据自己孩子的性格特点和特征来对孩子进行教育，而不是单纯地借鉴别人的教育方式来管束自己的孩子。

在心理学家对儿童心理研究的过程中，发现体罚是造成儿童心理畸形的一大诱因。在社会中，我们可以看到一些孩子的性格比较扭曲，甚至会做出一些违背常理的行为，而这些孩子之所以会有这样的行为，往往是因为内心缺乏爱和温暖。当父母只知道用体罚的方式来处理孩子的问题时，孩子的内心往往是感受不到来自父母的爱和家庭的温暖的。久而久之，孩子感觉到的只有疼痛与痛苦，最终影响孩子的性格。

教育学家不建议父母用体罚来解决孩子出现的一切问题。那么，父母可能会有疑问，是不是孩子犯怎样的错误都不能打骂孩子？其实，世事无绝对，有些时候，当孩子所犯的错误十分严重，不仅伤害到别人的人身健康，还会对自己品格的形成产生不良的影响时，父母进行体罚也是有必要的。

要对孩子进行体罚，父母应该先了解以下几点。

1.体罚之前要让孩子感受到父母的良苦用心

父母体罚孩子究竟是为了什么？恐怕是让孩子记住这次事情的严重性，从而知道自己所犯错误的严重性，避免以后再犯类似的错误。

既然如此，在体罚孩子之前，父母有必要给孩子说清楚，让孩子明白父母的良苦用心。有些父母在急躁的情况下，会直接上来给孩子一顿"暴揍"，甚至有的时候，孩子都不知道父母为什么要揍自己。这样的体罚往往起不到应有的效果。

2.要给孩子解释的权利

虽然很多时候，孩子犯错并不是合理的，也没有狡辩的理由。但是，父母在体罚孩子之前，应该给孩子辩解的机会，这样做能够让孩子明白父母会否定的原因，让孩子明白自己没有理由再犯同样的错。如果不给孩子辩解的机会，上来就是一顿体罚，只会让孩子不服气。

3.体罚孩子要讲究分寸

对于孩子来讲，他们正处在生长发育的阶段，皮薄肉嫩，父母即便要体罚孩子，也要注意轻重，要既能达到教育孩子的目的，又不能伤害到孩子的身体健康。在现实生活中，不乏一些父母将孩子体罚进医院的案例，这不但达不到教育孩子的目的，反而会影响孩子的身体健康，这种做法是得不偿失的。

对孩子进行体罚往往是父母在教育孩子道路上的最后一种手段，而不应该是父母惯用的手段。作为父母，要对孩子犯错做好心理准备，尤其是父母明明知道自己的孩子比较调皮，更应该做足心理准备。体罚不是教育的手段，而应该是父母帮助孩子改掉重大缺点的一种方式。

从孩子的心智、情商方面进行分析，他们在这些方面所体现出的不成熟性注定了孩子会犯错。作为父母，不要只是站在自己的角度去分析问题，要学会站在孩子的角度去理解问题，父母只有这样才能更理解孩子，更尊重孩子。

很多父母不希望自己的孩子只懂得"察言观色"，更不希望孩子成为"见风使舵"的人，而用体罚解决问题的父母最容易培养出这样的孩子。因为孩子会将大部分的精力放在思考父母是否高兴的问题上面，因为父母高兴了就不会有体罚。于是，孩子更加关心他人的心情，而不是关心学习本身。由此可见，用体罚来解决问题是不科学的，高效陪伴孩子的过程不是体罚孩子的过程。

专家建议

分析男孩儿做错题的原因

有心理专家经过调查发现，大多数男孩儿性格上偏活泼、开朗，情感也不够细腻。因此，父母在对待男孩儿的学习时，完全可以参照孩子的性格，有的放矢地对其进行陪伴教育。

如果一个男孩儿性格比较开朗、外向，那么他做错题的原因往往有两种：

第一种，会做但做不对，也就是马虎大意。孩子认为自己已经掌握了某个知识点，于是在做题的时候，会出现"轻敌"的现象，从而做错题。

父母在对待孩子因为马虎大意做错题的情况时，应在平时学习过程中让孩子自己去检查作业，如果出现因为马虎出错的题目，就让孩子多做几遍，从而达到"惩罚"孩子的目的，再碰到类似题目时，孩子不至于再次因马虎大意而出错。

第二种，不会做就乱做。其实，就是孩子对知识点没有掌握。孩子在没有掌握知识点的情况下，又不想完不成作业，就会出现这种情况。此时，父母要让孩子去加强知识点的掌握，让孩子明白：做题不是目的，掌握知识才是目的。

对于那些性格比较内向，情感细腻的男孩子来讲，他们做错题的原因可能会有以下两种：

第一种，自卑心理作怪。内向的孩子一般都会存在自卑心理。当父母发现孩子因为自卑而没做对题的时候，首先要做的不是去指责孩子，而是要去分析孩子自卑的原因，然后帮助孩子提升自信心。

当孩子自卑到不敢下笔去写作业的时候，那么他肯定是做不对题目的，所以说，父母陪伴孩子写作业、学习，更多的时候是了解孩子的内心世界和心理变化。

第二种，受到外界干扰。大部分孩子都会因为这个原因而做错题，那些心思细腻的男孩儿往往会更加明显，比如，当老师批评他之后，他可能会一直记着批评的场景，从而无法专心地写作业，最终导致做错题。

当父母发现孩子容易受到外界干扰而分心的情况，就要想办法锻炼孩子的专注力了，而锻炼专注力是有方法可循的。父母可以通过提升孩子的专注力，来让孩子抵抗干扰因素对其学习的干扰。

做错题的原因有多种，父母看到孩子做错题后，要做的不是对孩子大吼大叫，而是要分析孩子做错题的原因，从而找到解决方法，以确保孩子不会再犯同样的错误。

洞察女孩儿成绩波动的缘由

我们常说，任何事情的发生都是有原因的，有因才有果。很多父母发现自己的孩子在这段时间内学习成绩很好，但是过了一段时间，学习成绩出现了明显的下滑。当发现孩子出现这样的情况时，父母就要学会分析原因了。

对于女孩子来讲，大多数女孩儿比较敏感，感情比较细腻，对待身边发生的事物也会很细心地进行观察。那么，这有的时候是一件好事，有的时候却是一件坏事。

1.当孩子的心思比较细腻的时候，她很容易被外界的事物吸引，从而无法专注地进行学习。当父母发现自己的孩子是因为分心而导致成绩出现波动时，要了解孩子是受到了哪些事物的"迷惑"。比如，当孩子看了一部青春偶像剧之后，沉迷于电视剧而影响到了学习，那么父母应该正确地对孩子进行引导，让孩子了解电视剧拍摄的实质是什么，从而避免沉迷于电视剧而无法自拔。

2.来自家庭因素的影响。家庭是否和睦，家庭氛围是否积极向上，这些都会对女孩儿的学习产生一定的影响，甚至对她们性格的形成也会产生一定的影响。因此，父母不要当着孩子的面吵架，更不要在孩子面前谈论一些错误的价值取向，这些都会给孩子的内心带来一定的影响。

3.有些女孩儿的心思比较细腻，当她们受到了老师的表扬之后，就会很主动地去学习；当她们受到了老师的批评之后，就会打消学习的积极性。在父母了解到孩子的成绩波动是因为这方面的原因时，就应该正确地开导孩子，让孩子端正态度，对待批评和表扬都要有正确的认识。只有这样，孩子才能变得更加坚强，不至于会因为老师不经意的一句表扬而骄傲，也不会因为老师的一句批评而自卑。

每个女孩儿都是父母心中的公主，在对女孩儿的教育和陪伴中，父母要了解孩子的情感变化，同时也要了解孩子的内心世界。只有这样，当孩子的学习成绩出现波动的时候，父母才知道如何去正确地进行处理，才知道怎样做才能帮助到孩子。

第五章

好方法帮你激发孩子的学习热情

接受孩子的"不会"

在陪伴孩子学习的过程中，很多父母都会遇到这样的问题：当父母发现孩子做错题，或者是做不完作业的时候，问孩子其中的原因，孩子会回答两个字"不会"。

当父母听到孩子这样的回答时，多半会生气地怒吼道："为什么不会做？老师教了为什么还不会？"面对父母这样义正词严的质问，孩子往往不再说话。可是，作为父母，你是否思考过这样的问题：你在上班的时候，是否遇到过不会做的工作？在别人告诉你怎么做之后，你是否还是有不会做的时候？孩子也是一样的。老师教过一遍、两遍之后，孩子仍然不会做，这也是正常的事情，父母没必要将这件事情看得如此严重。

现在很多父母不允许孩子说"不会"，他们认为，只要是老师教过的内容，孩子都应该掌握。一旦孩子说"不会"，便被认定没有认真学习。这种思想是不科学的思想，如果老师教过的内容，孩子都能够轻松掌握，也就没有"千锤百炼"这个词语了。

孩子不会做某些题目实属正常现象，父母不应该纠结孩子口中的"不会"，而应该知道如何去帮助孩子将"不会"变成"会"。

1.鼓励孩子多进行尝试

对于一些孩子来讲，他们看到复杂的作业，便开始认定自己不会做，其实根本就还没有经过尝试。再加上有些父母总是习惯帮助孩子去解决问题，这就让孩子产生了"畏难"心理。

当孩子说"不会做"的时候，父母不妨鼓励孩子大胆地进行尝试，告诉孩子，只有尝试之后才知道自己到底会不会做。

2.让孩子感受到成就感

当孩子遇到一道难题时，父母先不要忙着帮助孩子去解决难题，而是要按照孩子对知识的掌握程度，来分析这道题对孩子来讲是否真的难。如果父母认为以孩子对知识的掌握程度，孩子经过努力和反复推敲是可以做出来的，那么父母要做的就是让孩子用不同的方式去解决问题。

当孩子解决了难题之后，他的内心会感受到成就感，那么在以后遇到难题的时候，他第一个想到的办法不是求助父母，而是自己去解决。

3.当孩子实在不会时，父母可以给予适当的提醒

有些知识点可能是孩子真的没有掌握，此时，父母不要去抱怨孩子上课不认真听讲，也不要责骂孩子，而是要给适当的提醒。

所谓"提醒"，并不是直接告诉孩子答案，而是告诉孩子可能涉及的知识点，让孩子通过回忆，继续寻找答案。而有些父母看到孩子做不出难题来时，会十分着急，便一股脑儿地告诉孩子正确的做法。父母这样做可能帮助孩子解决了

一道难题，但是以后再遇到同样的难题，孩子可能还是不知道如何进行思考、解答。

当孩子遇到不会做的作业时，父母要从心理上接受孩子的"不会"，然后想办法教会孩子去发挥主观能动性，而不是直接向孩子灌输知识点，这一点是十分重要的。如果父母在陪伴孩子学习的过程中，失去了耐心，表现出十分不耐烦的样子，那么，可想而知，孩子也会对学习失去兴趣。

父母要将孩子的"不会"看作一个机会，既是培养孩子发挥主观能动性的机会，也是锻炼孩子独立思考的机会。孩子不会做不可怕，可怕的是父母错误的教育孩子的方式。如果一个孩子在面对难题时，自己不会做，也不敢告诉父母自己"不会"，那才是父母最应该害怕的事情。

网上有这样一个短视频：

一位八九岁的小姑娘，她对爸爸说，老师留的作业自己不会做，然后爸爸开始对她大吼大叫："你为什么不会做？老师没讲吗？为什么别的孩子会做，你不会做？"

爸爸一连串的质问，让孩子哑口无言，然后孩子默默地回到了自己房间。到了晚上九点多，爸爸去看孩子的作业做得怎样了，结果却发现孩子空了很多道题目没做。

生气的爸爸又开始咆哮："你磨叨什么呢？这么长时间了，还有这么多题目没做。你在屋里干吗了？是不是偷玩手机了？"

女儿的眼睛里已经有泪水在打转了，弱弱地说道："这些题我不会做。"

爸爸更加生气，大声喊道："不会做你就有理了啊？不会做你就空着不做？"

女儿默默地低下头，泪水都流到了书本上。

在生活中，很多父母对待孩子说"不会"时的态度都是这样——对孩子大喊大叫，却不知道如何帮助孩子去解决问题。

就像上面这位爸爸这样一通大吼之后，孩子依旧不会做那些题，孩子也依旧掌握不好知识点。聪明的父母在面对孩子说"不会做"的时候，是抱着鼓励的心态，让孩子大胆尝试解题方法，当孩子尝试失败之后，再给予帮助。这样可以让孩子体会到尝试的艰辛与坚持的喜悦，让孩子感受到来自父母的支持和温暖。

孩子的智商和情商可能远远不及成年人，所以，父母不要用成年人的标准来判断孩子是否能够掌握某些疑难知识点。

在一所中学里，老师为了让父母体验孩子们学习的不易，在开家长会之际，老师给父母们每人发了一张试卷，让父母考试。当老师宣读了成绩之后，老师对父母们说："作为成年人，你们总是说孩子的学习成绩不好，考试不及格，那么请你们看看自己的成绩，也不过如此，所以不要再抱怨孩子'不会做''做不对'了。在平时陪伴孩子学习的时候，请多给孩子一点耐心和关心吧。"

这位老师之所以这样做，其实就是为了让父母知道孩子一时没掌握知识点也是很正常的事情，父母要允许孩子说"不会"，帮助孩子将"不会"变成"会"，这样的陪伴才更加有意义。

做错了题，用表扬代替指责

一位学霸父亲在谈及自己的教育经验时，讲述了一个故事：

儿子在初二期中考试的时候，考试成绩不理想，回来之后，将自己关在房间里，晚饭也不肯吃。爸爸就进屋问孩子，为什么不高兴？儿子说，数学做错了两道题，如果能做对，那么就是全班第一名了。

爸爸看了看数学试卷，发现孩子的确有两道题做错了，但是这两道题确实有些难度。他并没有批评孩子，而是对孩子说："儿子，你要允许别人超过自己，同时也要给自己一定的进步空间。这次这两道题错了，表明你还有进步的空间。我不觉得你这次考试有什么问题，也不觉得你考得多差，我觉得属于正常发挥。"

这位学霸父亲的话是值得所有父母学习的，因为对于很多孩子来说，做错题、考试成绩差，结果就是一定会受到父母的批评和责骂。其实，批评孩子并不是唯一的教育途径。

对于孩子的学习，父母要知道究竟追求的是什么。难道除了分数之外，就什么都是不重要的吗？其实，应该更加注重对孩子的学习习惯和学习技巧的培养，而不是单纯看重孩子做对了哪道题、做错了哪道题。比如，当孩子平时很努力地学习之后，考试的时候仍然有几道题做错了，这个时候，父母应该看到孩子学习的努力，而不是只看到学习成绩。此时，父母完全可以夸一下孩子平时的勤奋和努力，而不是去批评孩子没有考取满分。

很多父母不允许孩子做错题，于是，当孩子做错题之后，父母会大声吼叫孩子，责备孩子不细心、不认真。然而，父母却忘了孩子终究是孩子，而且人无完人，没有人是不会出错的。即便是父母自己，在工作或者生活中，一样会做错事情，但是当父母犯错之后，起码孩子不会责备父母，甚至还会去安慰父母。

数学老师将然然爸爸叫到了办公室。然然爸爸在进入办公室之前，猜想肯定是儿子考试考得不好。

数学老师见到然然爸爸之后，说道："您就是五年级一班然然的爸爸吧？"

然然爸爸点了点头。

"您怎么能允许孩子做题重复出错呢？"数学老师紧接着说道，"您要对孩子的学习负责，数学作业本上您倒是签字了，可您没发现孩子连续三天因为一个知识点出错了三次。"

然然爸爸虽然给孩子的作业签字了，但是他确实没有检查是否做正确了。回到家后，他在吃饭的时候一言不发。

然然小声地问道："爸爸，我们数学老师今天叫你去办公室都说什么了？"

然然爸爸回答道："老师说你最近的数学作业比以前工整了很多，能看出你最近学习比较认真。老师还说，如果你能在写完作业之后，再认真检查作业、审查作业的话，那么数学成绩肯定会提高更多。"

然然接着问："还说什么了？是不是批评我了？"

然然爸爸回答："没有啊，就说了这些。"

从那之后，然然更加认真地去写作业了，并且每次做完都会认真地检查作业，数学成绩也有了很大的进步。

在对待孩子做错题这件事情上，如果父母频繁批评孩子，恐怕孩子会害怕去学习。所以，父母可以换一种思路与孩子进行沟通，可以先表扬孩子做得好的方面，然后提醒孩子多注意哪些方面，这样的话，相信孩子会更加愿意接受父母的建议和意见。

其实，孩子在知道自己做错题之后，是最为难过的那个人。没有人希望自己出错，孩子也是如此，所以当孩子做错题之后，父母就不要急于去批评孩子，而是应该站在孩子的角度体谅孩子，表达对孩子的关爱，让孩子感受到来自父母的理解。当一个孩子获得了父母的理解和鼓励，那么他也会更加愿意去认真学习和改正错误。

有些父母可能会说，当发现孩子做错题之后，如果不去批评教育，孩子会"不长记性"，在下次面对同样的题目时，还是容易犯错。虽然这种现象是存在的，但是对待孩子做错题这件事情，孩子的内心是十分恐惧的——孩子害怕自己惹父母生气，更害怕父母冲自己发火。如果父母一改常态，不去批评孩子，达到的效果远远比批评孩子要更好。

情绪引导，让孩子少一些抱怨

在学习的过程中，孩子难免会遇到很多问题，比如来自学习的压力，来自学习的困惑等，此时，孩子难免会有一些牢骚和抱怨。其实，不仅是孩子，大人也经常会因为生活的艰辛或者是工作的不顺而抱怨。面对孩子的抱怨，作为父母，应该怎么做呢？

有些父母会直接怒怼孩子："小孩子哪儿那么多抱怨，不就是学习吗？哪有那么多的痛苦可言。"有些父母则是会直接责备孩子："学习没学好，你的抱怨倒是不少。你有抱怨的工夫，作业都做完了。"然而，父母是否想过，孩子为什么对学习有那么多的抱怨？难道孩子就不应该抱怨吗？面对孩子的抱怨声，父母要如何去做呢？

在这里，我们要先了解一个词语"情感引导"，在对孩子的教育过程中，越来越多的教育学家开始注重提倡对孩子进行情感引导了。因为情感引导就是教会孩子如何去管理自己的情感，让孩子认清情感规则，从而能够用适当的方式来表达自己的情感。

比如，当孩子很消极地抱怨今天的家庭作业多的时候，父母不要去批评孩子懒惰不愿意学习，而是可以对孩子说："我知道你们今天的作业量不小，但是你在这里抱怨有什么用呢？咱们不着急，一项作业一项作业地完成。老师也是衡量了你们的学习时间才布置的这些作业，爸爸妈妈相信你，以你写作业的速度，两个小时之内，你肯定能全部做完。"

那么，当孩子对学习产生抱怨之后，父母究竟要如何对孩子进行情感引导呢？

1.平视孩子，与孩子保持同一视线

父母要想对孩子进行情感引导，让孩子消除抱怨，能够主动地接受学习任务，认真投入到写作业中，就需要先站在孩子的角度去看待学习，而不是站在父母的角度，批评和指责孩子的抱怨理由。这样做能够给孩子一种被理解的感受，从而让其内心得到平复。只有当内心得到平复之后，孩子才愿意去聆听父母接下来的话语。

2.帮孩子分析问题

当孩子内心得到平复之后，父母可以就孩子抱怨的问题进行分析，这个时候父母分析的初衷一定是要帮助孩子解决问题，而不是为了说服孩子认识到抱怨是错误的。如果你给孩子分析的问题只是为了让孩子承认错误，那么对孩子解决学习问题则是没有帮助的。

3.提出自己的建议和意见

在孩子跟随父母的思路，认同学习的分析结果之后，父母还可以提出建

议——做一个学习规划，从根本上解决孩子担心的问题或遇到的疑惑。当然，在父母提出建议这个过程中，孩子可能不会轻易接受建议，但是没有关系，父母的建议往往会给孩子指明方向。

4.鼓励孩子，让孩子的情感得到转化

当孩子知道了解决问题的思路后，父母不妨鼓励孩子积极地进行尝试。在孩子尝试的过程中，父母应该让孩子了解到负面情感对学习的危害，而任何事情的发生，都是可以转负为正的。从而促使孩子遇到同类问题时，减少抱怨，学会正面解决问题。

晓磊是五年级学生，他之前擅长数学，但是五年级的时候，数学老师换了一位新老师，这让他很不适应。这位数学老师布置的家庭作业量也很大，他开始对爸爸抱怨："我们新来的数学老师真不行，讲课速度特别慢，跟唱摇篮曲似的，家庭作业还特多，好像我们只需要做数学作业，其他作业不用做似的。"

听了晓磊的抱怨，晓磊爸爸意识到孩子对新数学老师有诸多的不满，他对晓磊说："的确，换了新老师，你肯定有不适应的地方。要是一下子给我换一个新领导，我也需要一段时间去适应。"

晓磊回答道："对啊，关键是这个数学老师讲课太慢了，我听着听着就想睡觉。"

晓磊爸爸意识到孩子抱怨的重点所在："每个老师的讲课速度是不一样的，而这位老师刚来，讲得快了，也是怕你们班那些学习差的同学不能很好掌握知识点。"

晓磊继续说道："您这样说，我倒是能理解。但是他布置的家庭作业太多了。"

晓磊爸爸说道："作业看起来是多，但老师是为了通过作业来了解你们每个

人对知识点的掌握情况。现在还不到考试的时候，老师怎么了解呢？只能通过作业啊。"

晓磊听了爸爸的话之后，情绪变得稳定了，爸爸接着说："你数学成绩一直不错，多做几道题真的就成了你的思想负担了？那肯定不会！爸爸相信你的适应能力很强，多做点数学题对你来讲问题不大，爸爸相信你的能力。"

听完爸爸的话，晓磊开心地去做作业了。

面对学习压力，孩子难免会有些情绪和抱怨，父母不妨积极地给孩子做好情感疏导，帮助孩子正确处理学习压力，让负面情绪转化为正面能量。高效陪伴孩子学习的父母懂得在情感上对孩子进行疏导，因为只有这样，孩子才能够更好地进行学习。

劳逸结合，玩游戏不可怕

一提到游戏，相信很多孩子都会眼前一亮。相反，一提到游戏，父母们总是神经紧张。父母十分担心孩子会喜欢上网络游戏，甚至当孩子看到游戏时，就避之不及。毕竟，没有父母愿意看到自己的孩子沉迷游戏。父母们也是害怕孩子沉迷游戏之后，对其学习和心理产生不良影响，因此，才会杜绝孩子玩一切网络游戏。

孩子玩游戏是否真的那么可怕呢？父母希望孩子利用一切时间去学习，但是人的大脑是会产生疲劳感的。当一个孩子在学习了一个小时之后，如果让他继续学习，那么他的大脑很容易进入"疲劳期"，这样的结果就是孩子学什么都不容易产生记忆，甚至还会分心和表现出粗心。

因此，父母在陪伴孩子写作业、学习的过程中，一定要注意让孩子劳逸结合。相关研究显示，当孩子在经过游戏刺激之后，大脑会瞬间得到放松，从而再投入到学习中便会更加专注和认真。

飞扬已经上了初中，因为上网课的缘故，每天都会用到电脑。而飞扬妈妈每天的任务就是坐在孩子旁边，盯着孩子上网课，因为担心孩子在网课结束之后玩游戏。

每天上午从8：30到12：00，下午从14：00到17：30，在这两个时间段内，除了上网课和写作业之外，飞扬妈妈只允许飞扬喝水、上厕所，其他的事情都不可以做。

网课上了一个月之后，飞扬妈妈发现孩子的学习成果并不理想，后来，她发现孩子每天上网课超过40分钟，眼睛就会变得呆滞，甚至会走神。这天，她问飞扬为什么上网课会走神，孩子回答"累了"。

飞扬妈妈发现这个现象之后，便规定孩子在一节网课结束之后，可以玩十分钟的网络游戏，然后再进行下一节课的学习。这样进行了一个多月的时间，飞扬妈妈发现孩子不仅每次都主动地去上网课，其学习效果也有所改善。

无论是孩子还是大人，在大脑运转一段时间之后，都会陷入疲劳状态。对孩子来讲，更需要让大脑得到休息，而受到快乐的刺激也是让大脑放松的一种方式。所以，父母不要惧怕孩子玩游戏，只要在玩的过程中注意以下几点便可以了。

1.时间的限定

玩游戏时间过长，大脑也会进入疲劳状态，就如同大人们玩手机时间长了，大脑会变得不灵活一样。父母可以允许孩子适当地玩玩游戏，但是要把握好时间，一般不应该超过十五分钟。

很多父母会抱怨了，只要允许孩子玩游戏，就会长时间地沉浸在游戏中，其实，父母在允许孩子玩游戏之前，应该给孩子做好思想工作，定好规矩，即玩多久，时间到了就要主动地退出游戏。

2.选择一些小游戏

很多孩子沉溺游戏，多半是因为游戏是大型的网络游戏，甚至是网络科幻游戏，这样的游戏容易让孩子陷入虚拟的状态，从而无法自拔。父母可以给孩子选择一些有益于身心健康的游戏，比如，益智游戏、学习类游戏，等等。这些小游戏既能够达到寓教于乐的目的，也能够让孩子感受到快乐和放松。

因此，父母要选择性地让孩子接触游戏，并不是所有的游戏都适合孩子去玩，尤其是不要让孩子过早地接触成年人的游戏，这往往会对孩子的身心健康产生不利的影响。

3.可以与孩子一起参与到游戏中

"游戏"不一定就是网络游戏，也可以是一些活动性游戏。父母可以与孩子一起做一些户外游戏，甚至是户外运动。这样不仅能够让孩子的大脑得到放松，还能够拉近亲子关系，让亲子关系变得更好。

一提到"游戏"，很多父母就会担忧，害怕孩子接触到游戏之后，控制不住而沉迷游戏中。其实，合理的游戏娱乐对孩子的大脑灵活性有一定的帮助。

在日常生活中，父母们不难发现，一个会玩游戏的孩子往往比一个只知道学习的孩子大脑要更加灵活。其实玩游戏的过程，也是训练孩子大脑反应能力的过程。因此，父母不要认为玩游戏只有坏处，没有好处。

父母不可提倡孩子玩游戏，也不可彻底抵制孩子玩游戏，并不是所有的游戏都是有害于孩子身心健康的。将所有时间用在学习上，对孩子的身心健康并不一定是最好的。

高效陪伴孩子写作业、学习就是要将孩子的大脑调配到最佳状态，然后进行学习和记忆。

开导孩子的困惑，做孩子的灯塔

　　想必很多父母都看过邓超主演的电影《银河补习班》，主人公马飞从小是一个被校长认定的"学渣"，而他的父亲却不认可学校老师对孩子的评价，凭借自己对孩子的影响，让孩子最终成了一个年轻的宇航员。

　　通过这部电影，我们可以看到父母对孩子成长的影响是巨大的，尤其是在孩子被别人轻视的时候，如果父母能够给孩子指明方向，那么孩子便能够成才。

　　作为父母，你不仅要做孩子的情感导师，更要做孩子的灯塔。在学习的过程中，孩子难免会遇到困惑和不解，而此时，父母就要发挥大人的远见，照亮孩子的内心，给孩子指明前进的方向。

　　而有些父母根本认不清自己在孩子面前要扮演的角色，认为只要陪伴孩子学习就足够了，于是对待孩子的疑惑、不解、愤懑，只是单纯地责备孩子或者是去埋怨孩子。要知道，当孩子出现疑惑的时候，最希望的是得到父母的指引，从而找到前进的方向。

盼盼上三年级，开始学习英语了。这对于从来没有接触过英语的盼盼来讲，是一件比较困难的事情。因此，盼盼找不到学习的正确方法，每次英语作业都会漏洞百出，而坐在一边陪伴她写作业的父母，不是责备她上课不认真听课，就是怒吼她做作业不认真。盼盼也因此经常流下无辜的眼泪。

这天，盼盼做的英语作业再次出错，妈妈大嚷道："你怎么这么笨，老师都讲了多少遍，你怎么还不会啊。"

盼盼大声哭了起来："我也不知道，我不知道自己为什么就是记不住。英语太难了，我不知道怎么做才能学会英语。"

面对孩子的这次情绪爆发，妈妈似乎意识到了问题的严重性，她发现盼盼还没有掌握英语的学习方法，不知道如何去学习英语，所以英语学习都还没有入门。

于是，妈妈告诉了盼盼应该如何去学习英语，学习英语可以运用哪些记忆技巧。就这样，盼盼似乎打开了英语学习的大门，在期末考试的时候，英语成绩考到了全班前三名。

对于孩子来讲，很多时候，并不是不去认真学习，也不是不想认真学习，而是很迷茫，找不到正确的学习方法。作为父母，如果能在这个时候，帮助孩子找到学习的方法，那么孩子的学习会事半功倍。

在学习过程中，父母应该给孩子解决哪些方面的疑惑呢？

1.指导孩子如何应对自己不擅长的问题

当孩子在学习过程中，遇到自己根本不擅长的问题时，父母不要质疑"为什么你会有不擅长的？"，就好像只要是关乎学习的，孩子都必须擅长。其实不然，当孩子遇到不擅长的问题时，父母要帮助孩子克服心理上的惧怕，这样才能够帮助孩子去积极地应对问题。

2.学习思路的指导

每个阶段的学习思路都是有所不同的，因此，父母可以帮助孩子找到适合自己的学习思路。关键是孩子很多时候并不知道自己擅长哪种学习思路，这个时候就需要父母站出来帮助孩子了。

3.时间安排的指导

许多孩子根本没有时间观念，比如，写作业，孩子往往会选择自己喜欢的学科先完成作业，并且会占用比较长的时间，最终的结果呢？——留给不擅长的学科的时间比较少。

面对孩子出现时间管理凌乱的现象，父母要帮助孩子进行时间规划，教会孩子合理地规划时间。

孩子在学习的每个阶段，甚至每个学科，都会遇到无法解决的问题，甚至是无法理解的困惑。作为父母，先要了解孩子困惑的根源所在，然后帮助孩子去解决困惑，指明方向。

只有方向对了，所做的努力才有意义，否则，方向要是错误的，做再多的努力恐怕也无法寻求到好的结果。

适当的奖励，让孩子更有动力

如果将孩子比作一棵树苗，那么在成长的过程中，树苗需要充足的阳光和水分。而父母给予孩子的奖励，便可以充当阳光和水分。因此，对孩子的教育应该是父母给予的一个过程。当孩子得到了来自父母的给予时，他们会变得更加充满力量，甚至更有动力。

奖励，其实就是激励方式的一种。无论是口头奖励，还是物质奖励，都能够达到激励孩子学习的目的。当然，奖励要适当，过于频繁的奖励往往会让孩子感受不到被奖励的喜悦，因为孩子的内心已经对奖励产生了免疫，这种手段对孩子已经没有吸引力了。

相反，如果奖励得太少，孩子的心就如同是一根橡皮筋，已经绷得很紧了，却一直得不到放松的机会，最终，橡皮筋会断开。因此，父母对孩子的奖励一定要是适当的，只有这样才能让孩子在学习中充满动力。

在生活中，父母要给孩子适当的奖励，当作鼓励孩子学习的"诱饵"，那么要注意哪些问题呢？

1.父母不能食言，要说到做到

有一个爸爸为了鼓励孩子好好学习，考取好的学习成绩，便答应孩子，只要孩子考试的每科成绩都能超过80分，便在暑假带孩子去旅游。

孩子听了之后，十分兴奋，每天都刻苦学习，终于考试成绩出来了，他如愿以偿，每科成绩都在80分以上。

孩子兴高采烈地回到家，将这个好消息告诉了爸爸，但是爸爸却说，因为工作太忙，暑假恐怕没办法出去旅游了。

孩子听闻后，心情十分沮丧，从此认为爸爸是个说话不算数的人。

相信上述这种情况，很多父母都经历过。要知道，如果父母答应了孩子的奖励，最终却失信于孩子，那么孩子的内心就会对父母的话产生质疑，在以后的学习过程中，也不会再听信父母的意见。

因此，父母要说到做到，只要是答应了孩子的事，就一定要办到，不要随意失信于孩子。

2.父母要清楚奖励的目的是什么

一位妈妈为了锻炼孩子的自理能力，便将家里的家务活用金钱进行计算。

她对孩子说："如果你想要零花钱，那就多做家务吧。"

于是，孩子每天都会主动地去刷碗、洗衣服、擦地板，半个月过去了，孩子从父母那里赚取了100元的零花钱。但是，当孩子拿到100元零花钱之后便不再做任何的家务了。

妈妈问孩子："你为什么不再做家务了？"

孩子笑着说道："我已经赚够这个月的零花钱了，等我花完这100元钱，我再做也不迟。"

通过这个例子，我们可以看出这位妈妈用这种做家务得报酬的方式，本意是希望培养孩子的自理能力和劳动积极性，但是她的这种奖励方式，并没有起到教育孩子的目的，孩子只是为了赚钱而赚钱，这种奖励就是毫无意义的。

3.奖励最好是孩子梦寐以求的

当孩子心心念念想要得到某件物品的时候，只要是父母觉得应该买的，或者是可以满足孩子的，便可以当作奖励项。

这样能够最大限度地激发孩子的学习主动性，比如，当孩子希望得到一个新书包时，你却许诺给他买一支新笔。显然，孩子对你的奖励不会感兴趣，这样便不会起到鼓励孩子主动学习的作用。

4.奖励要适当，过频则无效

父母对孩子的奖励不要过于频繁，否则会给孩子造成一种感觉：我不用太努力便能够从父母那里得到我想要得到的东西。

其实，在日常生活中，父母可以选择用口头表扬等方式来鼓励孩子主动学习。在重要的事情上，再允许孩子获得希望得到的东西作为奖励。这样才能让奖励成为孩子学习的动力。

一个爸爸告诉他的儿子，只要儿子每天按时完成作业，爸爸便会给他零花钱作为奖励。孩子听了，自然很开心。于是，第一天孩子很快完成了作业，并且做得全对，爸爸给了他5元钱；第二天，同样，孩子表现得很好，爸爸又奖励了他5元钱。就这样，持续了一个星期，只要孩子高效完成作业，爸爸都会给孩子5元钱作为奖励。

到了第二周，孩子做完作业，将本子拿到爸爸面前，这次爸爸只给了孩子2元钱作为奖励。孩子有些不开心，但是没有直接问爸爸为什么这次只给了2元钱。第二天，他做完作业，爸爸又只给了他2元钱。就这样又过了一周。

到了第三周，当孩子做完作业，爸爸却只给了他1元钱作为奖励，这下孩子的情绪爆发了，生气地说道："爸爸，为什么你给我的零花钱这么少了？早知道你就给我1元钱，我才懒得去写作业呢。"

通过这个例子可以看出，当父母给孩子的奖励过于频繁时，孩子的期许会很大，而父母要想停止奖励或者是降低奖励的标准，就会引来孩子心里的不悦和不平衡。因此，奖励是需要讲究技巧的，同时也是需要适当而为之的。

5.父母帮助孩子建立奖惩表

在生活中，父母可以和孩子一起建立一个奖惩表。比如，孩子每天按时完成作业，父母会怎样做；孩子考得好的成绩，父母又会怎样做。

这个表格能够一目了然地让孩子看到自己努力学习的成果，同样，也是对孩子的一种激励。当孩子的内在力被激发出来，学习自然会变得更加主动和专注。

孩子的学习兴趣是一种内在力，要想激发孩子学习的内在力，就离不开父母对孩子的奖惩措施。适当地、恰到好处地对孩子进行奖励，能够达到激励孩子学习的目的。

当然，这种奖励可以是口头的表扬，也可以是物质的奖励。但无论是哪一种，父母都要知道奖励孩子的目的——让孩子更加积极主动地去学习。

男孩儿的愿望，成就父母的希望

孩子的愿望，指的是孩子发自内心的一种期望。父母在陪伴孩子的过程中，一定要注意对孩子愿望的了解，尤其是对于男孩儿来讲，他们希望通过自己愿望的实现来获得心里的满足感。作为父母，应该学会帮助孩子实现愿望，从而让孩子获得成就感，这样的结果也会是父母希望看到的。

1.帮助孩子分析内心真正的愿望

当父母发现自己的孩子喜欢玩游戏，甚至沉溺游戏时，父母可以和孩子进行交谈，问孩子为什么喜欢玩游戏。有的孩子会觉得玩游戏很刺激，有的孩子会觉得游戏设计得很精妙。父母可以告诉孩子，如果他愿意，长大之后也可以从事与游戏设计相关的工作，而要想学游戏设计就要好好学习，掌握知识，这样才能有机会接触到游戏开发设计。

如果孩子不知道自己的愿望是什么，这个时候，父母就应该帮助孩子进行分析，帮助孩子找到实现愿望的途径，而这个分析的过程也就是帮助孩子寻找学习方向的过程。

2.父母不要忽视男孩儿的愿望

很多时候，父母只看重孩子的学习，根本看不到孩子内心究竟想要什么，希望得到什么。父母不要认为孩子的愿望都是"不合理的"，或者"不切合实际的"。父母要尊重孩子的愿望，支持合理的愿望，帮助实现愿望，这样也会让孩子变得更加自信。

3.愿望的实现能够让孩子更懂得努力

孩子在因为想要实现某个愿望而付出努力的时候，意志力是最坚定的。父母如果肯定了孩子的愿望，并愿意帮助孩子实现愿望，那么孩子便能够明白努力的意义，从而在学习上也愿意去尝试努力。

比如，孩子希望通过暑假摆地摊挣钱，买一套变形金刚的玩具。父母听到孩子的这个愿望之后，不妨支持孩子，给孩子动力。当孩子真的通过努力赚了钱，买了心仪的玩具，那么，他的内心除了喜悦，更多的是成就感，感觉到自信。因此，在学习过程中，一旦孩子将愿望与学习建立了联系，孩子自然也会十分努力。

给女孩儿足够的爱，在关注中期盼学习

女孩儿的内心多半是敏感的，甚至是脆弱的。相对男孩儿来讲，女孩儿需要父母付出更多的爱心。当一个女孩儿感受到来自父母的爱的时候，她更愿意成为父母眼中的好孩子。那么，在生活中，父母要如何表达对女孩儿的爱呢？

1.关注孩子的方方面面

在生活中，很多父母只是关心孩子的学习，似乎除了学习其他的都不用去关心，这就会给孩子造成一种错觉，认为父母不爱自己，只"爱"分数。而聪明的父母会发自内心地关心孩子的方方面面，包括心情、疼痛、快乐、伤心，等等。

我们不可否认父母都是爱孩子的，但是父母要关注孩子的各个方面，这也是对孩子的爱的一种外在体现。

2.父母要善于表达对孩子的爱

没有哪个父母不爱自己的孩子，但是为什么很多孩子感受不到来自父母的爱呢？

其实，对于孩子来讲，他们希望感受到来自父母的爱，而不是父母认为的"爱"。正因为如此，父母应该学会表达自己对孩子的爱与关心，要善于表达爱。父母对爱的表达，其实也是教导孩子学会表达情感的一种途径。

3.理解与爱是密不可分的

有人认为"理解"是爱的一部分，而父母应该学会去理解孩子，因为当父母理解了孩子，才能让孩子愿意放下心中的压力和包袱，将自己所有的心情都告知父母。这对于父母来讲，无疑是一件好事。

父母总是说自己爱孩子，但要是反过来问孩子，你们感受到来自父母的爱了吗？相信很多孩子会说："我的父母除了关心我的学习成绩之外，其他的都不关心。"

女孩儿的感情比较细腻，也比较敏感。她们会因为父母的一句话而兴奋不已，也会因为父母的一句话而痛哭流泪。

因此，多关注孩子的成长，给孩子爱的教育，能够让孩子更加期待学习，甚至更加主动地去学习。

第六章

情感引导式陪伴的应用

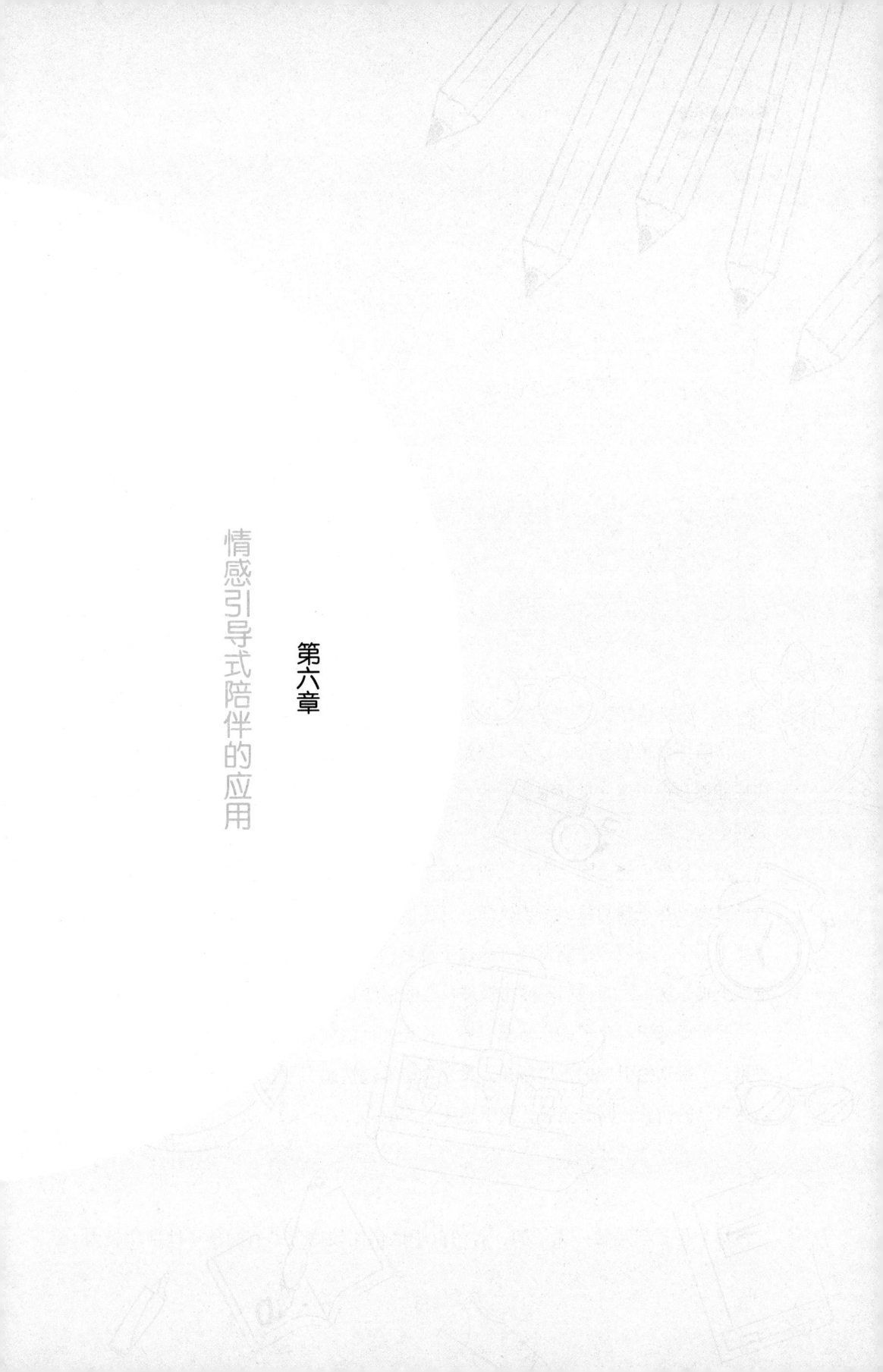

情感引导式陪伴的基本要素

在陪伴孩子的过程中，父母需要关注孩子的情感变化。善于情感教育的父母往往能够与孩子建立良好的亲子关系，并能够让孩子在面对负面情绪时，保持正面的学习态度。

很多父母可能会问，为什么要对孩子进行情感引导？因为情感引导能够帮助孩子对学习有正确的认识，不仅如此，还能够让孩子表达和调节自己的情绪。在现实生活中，我们往往能发现有些孩子总是动不动就发脾气，甚至因为一点小事情就沮丧，这是因为他们不懂得管理自己的情绪，更不懂得转化情绪。

父母要是想对孩子进行情感引导，首先要做的就是了解清楚情感引导的基本要素，了解情感引导的本质所在。我们希望通过情感引导让孩子能够自由轻松地表达自己的情感，同时能够让孩子感受不到压抑。

1.情感引导因人而异

每个孩子都是独一无二的，有的孩子性格比较倔强，有的孩子性格比较内向……父母要了解自己孩子的脾性，从而根据孩子的性格特点，在恰当的时候进行情感引导。

2.关注孩子的情感表达

父母在陪伴孩子的过程中，除了关注孩子的学习成绩和学习状态之外，还要关注孩子的情感变化。孩子因为某件事情出现的情感波动是父母最难控制的，也是最难管教的，但同时也是了解孩子的最佳时机。父母要学会抓住这个最佳时机，然后在恰当的时候，帮助孩子对情绪进行合理管控。

3.建立"分享权利"的平等关系

如果一个家庭的成员是父亲、母亲和孩子，那么不同的角色需要承担不同的义务和责任，在这一点上，父母不能忽略孩子在家庭中需要承担的责任和义务。

在家庭陪伴教育过程中，父母可以通过与孩子分担责任的方式来建立一种平等的关系，即权利的分享。而在权利分享的过程中，需要让孩子清楚地了解自己在家庭中拥有哪些权利和义务。同样，分享权利要划定界限，让孩子明白并不是所有的家庭权利都能由他自己来行使。

4.用正确的方式建立孩子的内在能动性

对于孩子来讲，学习的最高境界就是凭借内在能动性的促使，主动地进行学习，这也是无数父母所期盼的。而内在能动性的激发是需要父母通过多种方式来达到的，并不是单纯依靠外在奖励来激发。父母不能将外在奖励当作激发孩子内在能动性的唯一手段。

5.让孩子正确认识"行"与"思"

孩子的情感在爆发之后，很容易直接付诸行动，不经过大脑的思考。因此，父母要让孩子知道"三思而后行"的道理,同时,让孩子明白所有的行为都是要自己负责的,并不是说可以为所欲为。父母要让孩子知道,任何人的行为都是自由的,同时又是受到限制的。

6.增加孩子的"情感词汇量"

父母们不妨回忆一下,在孩子刚学说话的时候,都是先学什么样的词汇呢?"爸爸""妈妈""桌子""凳子""电视",等等,这些词汇都是孩子在生活中能接触到的,也都是我们常说的"名词",很少有父母先教会孩子"开心""责任""幸福"等情感词汇。

通过专家的研究发现,孩子大量地接触和掌握情感词汇,有助于孩子对情感的引导和掌控。因此,在生活中,父母不妨多让孩子接触一些情感词汇。

7.了解孩子的发育阶段

孩子在不同的发育阶段,有着不同的身体和心理变化。父母要提前了解孩子所处的发育阶段,从而设定更加切合实际的目标。

父母对孩子进行情感引导,是为了帮助孩子正确面对生活带来的负面情绪,这并不代表不允许孩子出现负面情绪。有些父母认为,只要自己相信孩子、支持孩子、鼓励孩子,孩子就不会出现负面情绪。

其实,每个人的心情都会呈现出复杂的状态,孩子更是如此。作为父母,应该允许孩子出现负面情绪,而当孩子出现负面情绪之后,父母要做的就是帮助孩子摆脱负面情绪的干扰,并将之转化为正面情绪。

有效陪伴孩子是父母"陪读"的最高境界,而这个过程中如果父母擅长情感引导,那么对孩子的学习会有很大的帮助,情感引导的作用也是显而易见的。

情感引导的重要性

情感引导到底有多么重要呢？有些父母可能会说，我自己不擅长对孩子情感的引导，也没觉得生活有什么问题。但是擅长情感引导的父母会发现，自己孩子的语言表达能力很强，同时，孩子懂得"心疼"父母，不会因为一点点小事情就崩溃大哭。

那么，情感引导对于父母与孩子来讲，究竟有怎样的重要性呢？

1.亲子关系更加融洽

情感引导是建立在父母与孩子的关系之上的，如果父母与孩子的情感关系处理得很好，那么表现出来的亲子关系必然是十分融洽的。在生活中，父母最擅长充当的角色就是"差错员"，当父母看到孩子某些行为或者某个观点出现错误时，总是忍不住去纠正孩子的错误观点或行为，这种做法似乎毫无错误。但是如果父母不懂得沟通的艺术，就很容易因为"纠错"，而让亲子关系变得很尴尬，甚至很敌对。

有些父母认为，只要孩子不遵从父母的观点或情感就是叛逆的，其实不然，叛逆并不能包含孩子所有的错误行为。如果父母善于用情感引导的方式去与孩子进行交流沟通，会发现很多"矛盾"完全可以避免，孩子也不再是那么"叛逆"。这样一来，家庭关系会变得融洽很多。

2.让孩子正确认知情感

三年级的俊俊放学回到家，对母亲说："妈妈，我想让我们班的笑笑做我的妻子。"

妈妈听了俊俊的话，十分惊讶。她首先想到的是"早恋"一词，但是她不想将这个词语与孩子的话语联系起来。于是惊讶地问道："为什么呀？"

俊俊回答道："因为这样她就可以给我做饭吃了啊，妈妈就不用下班后还要给我和爸爸做饭吃了，妈妈太辛苦了。"

妈妈听了俊俊的话后，笑着问道："那你为什么选笑笑做妻子呢？"

俊俊回答："因为她是我的好朋友啊。"

妈妈意识到俊俊口中的"妻子"与大人所说的"爱情"无关，而是"友情"的代表。然后对孩子说道："你这个主意不错，但是既然你和笑笑是好朋友，就要相互友爱，她如果放学回家再给你做饭吃，那她是不是一样会很累呢？"

俊俊想了一下，说道："也对，那还是以后我帮妈妈一起做晚餐吧。"

通过这个简单的例子可以看到，很多时候孩子对情感的认知还不是特别清楚。如果父母帮助孩子正确认知了情感之后，就能够避免彼此产生误解，从而避免矛盾的产生。

3.让孩子正确地表达自己的情感

孩子如果遇到问题不懂得情绪的正确表达，那么内心是压抑的，甚至会影响到学习态度。因此，父母对孩子进行情感疏导，其实就是帮助孩子正确表达情感的一种手段。

当孩子能够正确表达出自己的情感和内心想法时，才有助于父母陪伴孩子、帮助孩子，从而达到高效陪伴孩子的目的。

就读于二年级的浩浩放学回到家，耷拉着脑袋进了自己的卧室。晚饭时，妈妈敲门叫浩浩出来吃饭，但是他不肯开门。无论父母怎样劝说，他就是不肯开门出来。父母害怕他出事，只得用钥匙强行开门进入。

原来，浩浩是因为与好友吵架了，心情不好，所以不想吃饭。其实，这本身不是一件严重的事情，但是孩子表现出来的状态是不容小觑的。

从这个例子可以看出，浩浩不懂得正确表达和抒发自己的情感，甚至根本不知道如何去表达自己的情感。

当一个孩子不懂得正确地认识自己的情感，不懂得用正确的方式表达自己的情感时，他的内心往往是比较脆弱、压抑的。作为父母，如果这时候能够正确引导情感，那么孩子会更愿意与父母进行沟通和交流。

在陪伴孩子的过程中，父母要做的不仅仅是让孩子的学习更加顺利，更重要的是避免孩子内心的情感受到伤害和压制。父母要让孩子找到正确的发泄情感的方式，并与孩子建立良好的沟通关系。

如何在陪伴中给予孩子同情

有些父母可能会问"为什么要同情孩子"，原因很简单，与父母相比，孩子就是弱势群体。同情，就是让父母去感受孩子的感受，这能够让孩子感受到来自父母的理解和爱。

如果父母总是严肃地去说教，那么孩子可能会认为父母不了解、不理解自己，而父母也会觉得孩子很多时候是在"无理取闹"。

彬彬放学回到家，对正在做晚饭的妈妈说："妈妈，今天我好累，能不洗澡吗？"

妈妈走出厨房，对彬彬说道："你今天有体育课，我知道你今天肯定很累，真心疼你。但是，你还是要洗澡，因为你上体育课弄得身上很脏。你去洗洗澡，洗完之后也会觉得舒服一些，然后我们就可以一起享受美味的晚餐了。"

彬彬回应道："那好吧，我想洗澡应该能减轻我的疲倦。"

在这个例子中，妈妈知道孩子不洗澡是不对的，但是当孩子提出不对的想法时，妈妈没有生气地指责他，也没有催促他赶快去洗澡，而是表达了自己对孩子的同情，即妈妈知道彬彬上体育课很累。这就让孩子的内心得到了安慰。然后妈妈再提出建议，让孩子去洗澡。这种通过共情来处理不合理请求的方法，更容易让孩子接受。

那么，在陪伴孩子的过程中，父母要如何与孩子共情呢？

1.先了解孩子的性格

不同性格的孩子，在面对困境时表现出来的状态也是不同的。性格比较开朗的孩子对待学习也会做到"直言不讳"。即便遇到了困难，也会愿意跟父母表达自己的心声。而面对性格比较内向的孩子，父母要想了解孩子的思想，恐怕不能单一地通过语言沟通来了解了。

就读于三年级的菁菁，性格比较内向，心里有什么事情也很少与父母沟通。一天放学回家，她照常先写作业，但是今天的作业对她来讲比较难。两个小时过去了，她的作业还没有做完。

妈妈看到菁菁两个小时还没有做完作业，便很生气，直接冲菁菁喊道："你今天做作业怎么这么磨蹭，两个小时了还没做完这几道题？"

菁菁刚开始并没有为自己辩解。过了一会儿，妈妈又进屋催促她赶快写作业："我再给你20分钟时间，必须将作业做完了。"

菁菁为了能尽快写完作业，直接将不会的题做错了。

通过这个例子可以看出，菁菁妈妈根本不了解菁菁所出现的问题，只是习惯性地按照自己的思路去催促孩子做作业。

2.站在孩子的角度去思考问题

当孩子做错事情之后，父母不要急于批评孩子，更不要一味地指责孩子，而是要学会换位思考。站在孩子的角度去思考问题，能够让孩子感受到来自父母的理解。善于陪伴孩子的父母，通常能够理解孩子的行为，从而从根本上帮助孩子去解决问题。

3.同情孩子，但要有原则

当孩子提出无理要求或者是做错事后，父母要表达出自己对孩子的同情，但同时也要表达自己正确的观点，这是基本的原则。

同情孩子，并不代表着"溺爱"孩子，让孩子觉得做错了也没关系。父母要讲究对孩子同情的原则和前提，保持教育孩子的底线。

年仅8岁的桐桐放学回家，一进门便对妈妈说饿了，但是妈妈也是刚下班回来，还没来得及做晚饭。

桐桐生气地对妈妈说："妈妈，我好饿，你怎么还没做好晚饭啊？"

妈妈温柔地说道："亲爱的宝贝，学习要用脑子，上学一天了，现在肯定很饿了。妈妈知道你很饿，但是妈妈工作了一天，也很累很饿。不过，妈妈现在正在做晚饭，再过20分钟就可以吃饭了。你忍耐一会儿，可以吗？"

桐桐虽然有些失落，但是回答道："好吧，妈妈，你辛苦了。"

父母对孩子进行正确的情感引导，就需要借助同情的力量。这样做能够让孩子感受到来自父母的理解，同时，也让孩子看到希望，知道父母能够帮助自己。

有效的陪伴，不仅需要父母给予孩子学习上的指导，也需要给予孩子一定的同情，从而让孩子感受到来自父母的爱与理解。

　　直至今日，有些父母还在怀疑孩子需要同情的事实。有些父母认为，陪伴孩子学习，父母已经做出了牺牲，根本无法再照顾到孩子的情绪。但是，如果父母不去照顾孩子的情绪，孩子又如何去理解父母的良苦用心呢？

情感引导的关键步骤

父母在进行情感引导时，需要讲究方法。同时，情感引导有以下几个关键的步骤。

1.提前告知，让孩子提前做好准备

提前告诉孩子要发生的事情，也就是提前让孩子做好心理和情绪的准备。比如，当父母要带孩子外出吃饭，那么可以告诉孩子："我们今天晚上要去外面吃饭，这就意味着你能吃到好吃的，也意味着你不能大声喧哗，更不能来回乱跑。"当孩子点头表示已经记住了之后，父母还要再三重复，在进入餐厅之前，再告诉孩子一次。这样做是为了让孩子做好心理准备。

2.关注孩子

父母要关注孩子的一举一动，这在很多时候，是需要父母通过自己看到的、

听到的，去做出判断。当然，父母要关注孩子的性格与行为，更要关注孩子需要得到怎样的帮助。比如，父母可以在孩子情绪低落时，问问孩子："需不需要跟爸爸妈妈讲讲发生了什么事？"当孩子的学习成绩出现波动时，爸爸可以对孩子说："爸爸一直都会在你身边，有什么疑惑你都可以问爸爸。"可想而知，当孩子听到这样的话，内心肯定是温暖的。

琦琦因为在学校打架，老师请其爸爸去学校一趟。到了学校，老师刚说了一句"你儿子打架了"，琦琦爸爸便噌地一下站起来，朝琦琦吼道："你怎么这么不听话，就知道打架！"

老师连忙拉开琦琦，冲琦琦爸爸说道："你怎么也不问问孩子为什么打架，就开始责怪他。"

琦琦爸爸生气地说道："打架还有啥理由？打架就是不对。"

老师说道："打架是不对，但是你儿子打架是因为你从来不参加他的家长会，别的同学嘲笑他没爸爸，他一气之下便出手伤人了。"

琦琦爸爸回答道："他奶奶来参加家长会就行了吧，我工作很忙。"

老师说道："难道在你们家只要孩子做错事情，你都只知道吼他吗？"

琦琦爸爸严肃地回答道："孩子只要做错事，就得严加管教。"

可想而知，这位爸爸对孩子的关注程度是不够的，更不会去了解孩子的想法。这样的陪伴往往起不到好的教育效果。

3.父母要善于聆听

在家庭教育过程中，很多父母都是不断地向孩子灌输自己的观点，而很少去聆听孩子的心声，这样的做法往往会让孩子觉得无助。作为父母，应该善于聆听孩子的话语，通过聆听了解孩子的思想和情感，从而让孩子感受到父母是在专心地关注着他。

在生活中，你的孩子是否抱怨过"爸爸妈妈，你们能不能听我说完，再批评我？"这样的话。很多父母在生活中是不给孩子说话的机会的，同样，父母也就失去了聆听孩子说话的机会。

给孩子表达自己观点的机会，这样能够让父母获得了解孩子内心的机会，从而让孩子感受到来自父母的爱。

4.对孩子表示理解

我们观察亲子关系比较差的家庭，不难发现一种共同的现象，即父母不理解孩子的感受，孩子也不会顾及父母的感受。正因为如此，父母和孩子之间的矛盾越来越多，关系越来越僵。

因此，父母应该去体察孩子的感受，然后表示对孩子的理解。比如，当孩子因为一次考试失利而沮丧时，父母可以劝慰孩子："我像你这么大的时候，也有过考试失利的情况，的确很难受。宝贝，你需要爸爸给你一定的帮助吗？你有什么疑惑都可以告诉爸爸。"

当孩子感受到父母是理解自己的，父母是愿意了解自己的感受的时候，孩子也会更加愿意表露出自己的情绪和心声。

5.父母给予孩子引导

在孩子面临问题时，情感上难免会出现波动，此时，作为父母不应该简单地告诉孩子如何去做，而是要想办法去引导孩子如何做得更好。父母可以给孩子做示范性的引导，也可以给孩子进行一定的思想上的引导，但是不要孩子一遇到困难，父母就单纯地去帮助孩子解决。

对孩子进行情感引导需要父母换位思考，即在孩子的情感出现波动的时候，父母可以站在孩子的角度去思考问题，从而更好地了解孩子的感受。当父母能够发自肺腑地同情孩子的遭遇时，孩子才会感受到温暖。

作为父母，不仅要对孩子进行情感引导，更重要的是要做孩子的榜样。当父母做错事情时，也要主动承认错误。这也是一种帮助孩子进行情感引导的方式。有些父母只看到了孩子的错误，根本看不到自己的错误，这对家庭教育是十分不利的。

体察并理解孩子的感受

　　都说父母应该做孩子的"朋友"，就是说父母要和孩子像朋友一样相处，了解孩子的内心和感受，但是并不是所有的父母都能够了解孩子。父母要了解自己的孩子，首先就要学会体察孩子的感受——所谓"体察"，就是要体谅和观察孩子的感受。当孩子在学习中遇到困难时，父母要通过对孩子的观察去了解孩子的内心。同样，当孩子犯错或者是遇到疑惑时，父母要学习会体谅孩子。善于理解孩子、体察孩子的父母，才能够高质量地陪伴孩子进行学习，这是不争的事实。

　　在某短视频APP上，有一则点击量很高的短视频：

　　一位妈妈正拿着拖鞋在生气地辅导儿子写作业。孩子在一旁边哭边写，妈妈也不停地咆哮着。

　　这位妈妈之所以咆哮，是因为有一道她认为很简单的数学题目孩子不会做。最主要的是，妈妈已经给孩子讲解了很多次，可是孩子依然不会做。

因此，妈妈咆哮道："这道题就那么难吗？我讲了三遍，你为什么还是不会啊？"

看过这段视频的父母可能会被逗笑，也可能会理解这位妈妈为什么会如此生气。但是，很少有父母去"替孩子说话"。大人们一致认为这个孩子是"欠揍"的，这位妈妈生气是应该的。然而，我们不妨换位思考一下，如果我们是一个年仅七岁的孩子，我们一定会正确做出这样的数学计算题吗？

父母在对待孩子学习的问题上，多半是从自己的角度去思考问题的，很少会站在孩子的角度去看待问题，更不会去体会孩子的感受。每次当父母冲着孩子大吼时，孩子的心情肯定是不开心、紧张、恐惧的，可很多父母很少能够觉察到这一点。

在日常生活中，我们需要做的就是去体谅和理解孩子，只有这样父母才能够更好地帮助孩子进行情绪疏导。

1.体谅孩子，分析孩子犯错的原因

无论是在生活中还是学习中，孩子犯错是在所难免的，父母可以对孩子犯错的行为进行分析，然后了解犯错的真正原因，甚至深层次的原因，这样一来能够避免误会孩子。

2.试着说出孩子的感受

有的时候孩子并不能很好地认知到自己的感受，即便认知到了，也可能无法正确地表达出来。作为父母，我们不妨帮助孩子认知感情，甚至表达感情。比如，当孩子因为注意力不集中，导致上课内容没有掌握，家庭作业不会做时，他表现出来的状态就是做作业的时候很磨蹭。父母如果看到孩子出现这种状况，不

妨给孩子分析一下："让妈妈猜一下，你为什么写作业磨蹭？可能是上课走神儿了，老师讲的内容没听懂，对不对？"一般这种情况下，孩子是不会回答的。父母可以继续说道："这次没关系，妈妈可以再给你讲一遍，我也相信你不是故意不认真听讲的。妈妈相信你以后一定会认真听讲。"

当父母说出了孩子的感受，然后再帮助孩子找到解决问题的办法，孩子的内心是开心的，同时孩子也能够感受到来自父母的理解。

3.在理解孩子的基础上，表达出父母的感受

当父母体察到孩子的感受之后，也完全可以表达出自己的感受。比如，当孩子因为马虎而做错题之后，父母可以对孩子说："我理解你想要玩的心情，但是这种只贪图速度，不求质量的做法，爸爸妈妈不赞成。而且，这样来回修改所消耗的时间会更多。"

无论是在生活中，还是在学习过程中，父母都应该是最了解孩子的人。有些陪伴孩子学习的父母可能只了解孩子的成绩状况，以及在班级的排名，却不了解孩子的心情及感受。比如，父母看到孩子写错作业，只会认为孩子没认真听讲，却不了解孩子为什么没有认真听讲。这种知其然不知其所以然的陪伴，对孩子的学习、教育都是十分不利的。

聪明的父母懂得看问题的本质，当孩子的成绩下降时，父母会帮助孩子寻找导致成绩下降的真正原因，然后帮助孩子克服困境。高效地陪伴孩子需要父母在付出时间的同时，能够付出心力，了解孩子的日常感受，理解孩子的行为举止，帮助孩子加深对知识的掌握程度。

让男孩儿知道父母会理解他

在一部电视剧中有这样的情景：

一个男孩儿为了看世界杯比赛，选择了逃课。这件事情自然被老师发现了，然后老师将事情告诉了男孩儿的爸爸。

爸爸十分生气，在家拿着一根戒尺等着男孩儿放学。当男孩儿像往常一样兴高采烈地放学回到家，迎接他的却是爸爸的惩罚。紧接着，频频传出男孩儿的哭喊声和爸爸的吼叫声。

男孩儿逃课，这是老师看到的现象，老师将这个现象真实地反映给了孩子的爸爸。而孩子的爸爸根本不去询问孩子为什么要逃课看世界杯，也根本不给孩子解释的机会，上来就是一顿责罚。或许孩子是因为淘气选择逃课，或许孩子真的有其他的原因呢？我们先不说孩子逃课是否正确，这位爸爸的教育方式也是值得商榷的。

在对男孩儿的教育中，恐怕很多爸爸都会像上述例子中的爸爸那样，认为教育男孩儿的最好的方法就是责罚。其实不然，男孩儿的感情也是丰富的，他们也有自己的思想和情感。作为父母，应该去了解孩子的情感，然后给予孩子积极的反馈，也就是让孩子知道父母是理解自己的。

父母可以通过以下几种方式来了解男孩儿：

1.直接沟通

这是一种最直接、最高效的办法。在很多时候，与孩子进行正面沟通，能够让父母最直观地了解孩子的真实想法。因此，父母在陪伴孩子的同时，要学会与孩子进行语言上的沟通。通过日常的沟通，来了解孩子的思想和情感。

2.看孩子的举止

孩子的思想多半很单纯，有什么事情都会表现在举止上。对于孩子不愿意沟通的话题，父母可以通过观察孩子的举止，然后了解孩子的心情和情绪，从而给予孩子理解，帮助孩子解决疑惑。

3.观察孩子的表情

孩子的面部表情多半能够暴露出孩子的心情和真实想法。父母在陪伴孩子的过程中，可以通过对孩子面部表情的分析和观察，对孩子的情绪进行掌握。

父母要花费时间来了解孩子的情绪与态度，这对孩子的学习是十分重要的。孩子在感受到来自父母的理解之后，自然也能够理解父母，甚至会愿意接受父母对于学习的建议与要求。理解孩子，并让孩子感知到这份理解，这样的陪伴才有意义。

让女孩儿知道父母会帮助她

在生活中，我们会发现一些女孩儿的性格是比较懦弱的，即出现了自己解决不了的问题，不敢求助于老师，也不敢求助于父母，宁愿自己拖延着。面对这样的女孩儿，父母要做的就是给予孩子更多的安全感，让孩子知道，无论她遇到什么样的难题，父母都会站在她的身后，给予她最大的支持。

父母要想帮助这样的孩子，首先就要让她们知道向老师或者父母求助，那么，哪些情况往往会导致孩子不敢求助呢？

1.遇到事只知道批评

当女孩儿在学习过程中，遇到一些问题，或者犯了一些错误，有些父母第一反应就是去责骂和批评她们。这样做往往会让孩子变得胆怯，不敢去犯错，即便犯错了也不敢告诉父母。

2.不管事情大小，让孩子自己解决

现在的大部分父母都认为应该培养孩子做事情的独立性，但是，孩子毕竟是孩子，尤其是女孩子，很多事情是无法单独完成的。而有些父母根本不关心孩子遇到了什么事情，永远只有一句话"自己解决"。久而久之，无论她们遇到什么样的事情，都不会求助于父母，也不会告诉父母，因为她们知道，即便告诉父母，父母也不会帮助自己。

3.父母频繁地在孩子面前表现出软弱无能

父母不是万能的，但是有些事情，父母不能在孩子面前表现出无能

为力。否则，会给孩子一种无助的感觉。当孩子发现自己询问父母的事情，父母也不知道答案，那么，久而久之，孩子会放弃求助父母。

孩子在学习的过程中，势必会遇到一些困难。父母在发现孩子遇到困难时，一定要在能力范围之内给予孩子指导，而这种指导便是对孩子最大的帮助。当父母的所作所为能够帮助到女孩儿时，她的内心会充满安全感和自信。高效陪伴孩子学习，不仅仅是要让孩子的成绩有所提高，更重要的是在遇到困境时，孩子知道如何借助大人的力量去解决问题。

第七章

教孩子进行自我管理

懂自律，是孩子自主学习的前提

自律，就是让孩子形成自我约束和管理的意识。如果一个孩子懂得进行自我约束，那么他便能够在规定的时间内完成规划好的事情。这样的孩子在学习的时候往往不用父母催促，而是提前安排好了自己的写作业时间和玩耍时间。

自律是建立在理性和责任的基础上的，因此，自律性的建立就要求孩子了解哪些事情是自己可以做的，哪些事情是自己无力完成的。一旦孩子形成了自律性，父母就可以放心地让孩子自己完成作业，根本无须时刻盯着孩子学习。

还有些父母可能会说，孩子还小，根本不懂理性思考，更没有自律性可言。其实不然，这只能说是父母并未有意识地去培养孩子的自律性罢了。同样，有些父母会觉得拥有一个自律的孩子，那简直就是人生幸事，比自己升职加薪都要开心。我们不妨来看看别人家自律的孩子都是怎样的：

著名演员海清曾经发表了一篇微博，内容是她回家后想要跟儿子一起玩新买的玩具，但是被儿子"无情地"拒绝了，理由是自己没有写完作业。

此时，海清并没有像其他父母那样催促儿子去写作业，而是顺势抱怨作业太多。没想到儿子却反驳说，"不要对作业有抵触心理"。

看了海清微博的网友纷纷留言夸赞海清拥有一个"神仙级"的儿子。

在生活中，别人家懂自律的孩子是如何培养出来的呢？

1.父母是孩子的"参照物"

孩子的第一任老师是父母，这一点毋庸置疑。从孩子出生开始，孩子都在跟父母学习一言一行。所以，如果父母能够做到自律，那么孩子会将大人当作自己的学习榜样，跟着学习。

一位渔夫每次打鱼回来，都会将一半鱼进行储藏，即便当天没有吃饱，他也绝不会放弃储藏食物。

他的儿子问他，为什么要留一半鱼不吃呢。

渔夫说："因为我不知道明天还是不是像今天这样幸运。"

时间过得很快，老渔夫去世了，他的儿子已经长大，成了一名健壮的渔夫。他会按照父亲的方法，每天将打来的鱼储藏起来一半，即便只打了一条小鱼，他也只吃一半，留出来一半储藏起来。邻居们知道后笑他太傻，鱼储藏起来再吃的时候就不新鲜了。但是男孩儿依然按照父亲的做法来做。

有一天海上刮起了大风，人们知道了暴风来袭，渔夫们连续数天没办法去打鱼，家里也就没有多余的储存食物，只能饿着肚子，而男孩儿却有充足的食物。

2.不要在第一时间满足孩子的愿望

延迟满足，也就是我们常说的忍耐。当孩子懂得忍耐之后，便能够克制自己的欲望，抵抗眼前的诱惑。当然，这里说的"延迟满足"并不是单纯的等待，更不是对孩子的欲望的抹杀，而是让孩子明白"风雨之后未必有彩虹"。

曾经有一位心理学家做了一个实验：他给一些年幼的孩子每人发一个苹果，然后告诉他们，现在不可以吃苹果，如果现在不吃，那么等会儿还会再奖励一个苹果。说完之后，心理学家离开了那间屋子。一个小时过去后，心理学家进入房间，发现一部分孩子忍住了没有吃苹果，而另一部分孩子没有忍住，吃掉了苹果。若干年之后，这个实验并未停止，心理学家追踪到曾参加这个实验的那些孩子，发现忍住没吃苹果的孩子在工作、成绩等方面都要更好一些，而那些没有忍住，吃掉苹果的孩子过得不太乐观。

3.自律的形成离不开一定范围内的选择和约定

当一个孩子面临过多的选择时，他往往不知所措。相反，如果孩子没有选择，那么他也不会觉得快乐。自律的形成离不开选择权，给孩子适当的选择空间，让孩子有自主选择权，让他感受到自己有能力做出某些选择，这是对他自尊心的保护，也是对他能力的认可。同样，当孩子做出选择的时候，父母要尊重孩子的选择，而不是对孩子的选择进行干扰，帮孩子做决定，这样做会让孩子认为自己的选择出现了错误，对自己所做的决定产生不信任，是不利于自律性形成的。

七岁的凤儿跟妈妈一块儿去超市，看到玩具便挪不动脚步了，她看到布娃娃想要买，看到动漫玩偶也想要买，看到小汽车也想要买。

妈妈看到这一幕，并没有呵斥她赶快离开，而是帮她分析："布娃娃家里已经有一个了，我们完全可以挑选一个家里没有的玩具。"

凤儿指着一辆糖果车，妈妈又说道："虽然家里没有这个颜色的车，但是你的车子已经可以排成小车队了。"说完，接着说："我们可以选一件稀奇的、从来没有玩过的玩具。"

凤儿点点头，然后看到一个玩具洗衣机和一个泡泡枪，她想要将两个玩具都买回家。妈妈拿起这两个玩具问道："这两个玩具里你最希望得到哪一个？"凤儿想了一会儿，指了指玩具洗衣机。妈妈笑着说："好吧，那我们这次就买玩具洗衣机。妈妈也觉得这个要更好玩一些，但是这是你这个月唯一能买的玩具。"

听了妈妈的话，凤儿开心地点点头。后来，凤儿跟妈妈去逛超市，就不再缠着妈妈买玩具了。

在孩子写作业、学习方面，自律性意味着什么？意味着孩子主动学习。而缺乏自律性的孩子，需要父母强制才肯去学习，他们对待学习和作业的态度是"被迫学习"。显然，这两种心态是不一样的，所表现出来的情绪也是不同的。自律性强的孩子懂得利用有限的时间去安排学习与游戏，他们会让自己在高效率的状态下完成学习任务，然后在毫无后患之忧的情况下去快乐玩耍。因此，掌握培养孩子自律的方法，让孩子自主学习，父母轻松，孩子也放松。

了解自己，建立优劣小档案

作为父母，你是否了解自己的孩子？如果你的答案是肯定的，那么，你是否尝试让孩子了解他自己？很多父母对自己的孩子已经十分了解，却不知道如何让孩子了解自己。甚至有的父母认为，孩子还小，没必要让他了解自己，只要父母了解他就足够了。其实不然，要想孩子养成良好的学习习惯，能够独立学习，就需要让他了解他自己的优劣势。

如果孩子不知道如何去了解自己，父母应该给予帮助，尤其是在学习过程中，孩子一定要了解自己哪方面的知识掌握得好些，哪些知识掌握得不够。

曾经有一位教育专家讲述了自己教育孩子的故事：

我发现现在很多小学老师总是习惯让孩子将一个字或者是一个词，重复写10遍、20遍，以此来加深孩子的记忆。这种重复加深记忆的方法在教育过程中，也是重复被利用的。但是，对于那些掌握知识比较快的孩子来讲，他们一般写一遍就知道这个字或词如何写，写3遍就能够达到加深记忆的效果，而写的遍数再多，则会加深学习负担，甚至会觉得写着写着就不知道自己在写什么了。

我发现我的儿子就是这样，如果他不会写某个字，我让他重复写3遍，他就能记住这个字怎么写，而我让他写十遍，他反而记不住。于是，我在教他的时候，我会让孩子自己选择，比如，他如果会写这个字，他可以选择写一遍，如果他对哪个字不认识，那么他可以选择多写几遍，只要写到认识也会写就可以了，不会拘泥于遍数。因此，我儿子交的作业可能不会得到优，但是每次的考试成绩都很好。

通过这位教育专家的讲述，我们会发现，很多时候孩子需要了解自己到底对哪些知识掌握得好，对哪些知识掌握得不好。这样能够帮助孩子节约时间，利用有限的时间掌握更多不熟悉的知识。

那么，父母如何帮助孩子了解自己，建立优劣小档案呢？

1.行为习惯档案

父母可以通过对孩子的学习习惯进行了解，然后建立孩子的行为习惯档案。比如，在档案中指出孩子是否能按时起床，是否能按时写作业，是否能自我控制玩耍时间，等等。行为习惯档案能够让孩子看到自己在哪些方面的习惯有利于学习，哪些不良的习惯会影响到学习。

2.学习态度档案

在孩子学习态度方面，父母可以根据孩子日常学习的心态和情绪，帮助孩子建立一个档案。比如，孩子遇到哪些学习问题容易出现厌学、磨蹭等情况，孩子在什么时间段学习最认真，等等。

父母对孩子的日常学习态度变化等方面做总结之后，可以与孩子一起建立档案，帮助孩子理顺自己的学习情况。

3.优劣学科档案

很多父母可能会说，自己的孩子不偏科。即便如此，对于孩子来讲，可能也会存在对某科目学习比较吃力的情况。因此，父母可以帮助孩子建立学科档案。通过对每一科目的分析，甚至对每一科目中重要知识点的罗列，让孩子了解自己对哪些知识点是擅长的，对哪些知识点不擅长。

4.易错题档案

父母在辅导孩子学习的过程中，需要对孩子的易错题进行罗列，让孩子了解自己在哪方面的题目容易做错，哪方面的题目比较擅长，这对孩子取得好成绩是有帮助的。

每个父母都希望自己的孩子能够做到"查漏补缺"，而帮助孩子建立易错题档案，就是帮助孩子进行查漏补缺的好方法。也有些父母认为建立易错题档案需要花很多时间，还不如让孩子进行学习。其实不然，建立易错题档案其实能够帮助孩子节约更多时间。孩子可以将更多的时间偏重到易错题的知识点上，而已经掌握的知识点可以少花一点时间。因此，父母不要害怕麻烦，更不要认为档案的建立会占用孩子很多的时间。

父母要培养孩子的独立性，就需要让孩子了解自己的强项和弱项，让孩子养成自主学习的习惯。

好习惯是如何养成的

美国心理学巨匠威廉·詹姆斯曾经说过这样的话："种下一个行动，收获一种行为；种下一种行为，收获一种习惯；种下一种习惯，收获一种性格；种下一种性格，收获一种命运。"也就是说，习惯的形成离不开日常行为，而好的习惯能够成就一个人好的性格，甚至改变一个人的命运。可见，培养孩子好的习惯不仅对学习十分重要，对日常生活也十分有利。

而习惯是后天养成的，并不是先天形成的，这就要求父母能够主动地帮助孩子去养成良好的习惯。不仅如此，习惯并不是经过一次、两次的行为就能够形成的，而是通过重复的思想行为才能够形成。

上小学三年级的琳琳不仅做作业磨蹭，每天到晚上10点多还没做完作业，而且学习姿势也不对，不是斜着写字就是驼着背写字。因为这件事情，她也没少挨父母的责罚，但是仍然改不掉这些坏习惯。

坏习惯的养成要比好习惯的养成容易得多，想要改掉坏习惯，不是一件容易的事情。因此，父母要在一开始就培养孩子好的学习习惯和生活习惯，这对孩子来讲是至关重要的。

杜克大学曾经做过一项研究，研究结果表明，每个人每天都会有相对比例的行为不是由自身决定形成的，而是通过习惯来完成的，这个比例占到了40%，因此，好的习惯能够让孩子拥有好的日常行为。

当孩子拥有好的习惯，那么不仅在学习中能够让父母省心，在日常生活中也往往最能受到别人的喜爱与欢迎。习惯不只是会影响孩子一时，还会影响孩子的一生。好习惯的保持对以后的就业和工作也是有很大帮助的。既然好的习惯如此重要，那么在日常生活中，父母要如何帮助孩子养成好习惯呢？

1.好习惯的养成离不开坚持

有心理学家曾表明，当孩子进行一项看似简单的行动时，如果想要将这个行动变成习惯，重复21天就能形成习惯；如果坚持重复90天，这个习惯就会变得很稳定；如果能够坚持重复一年的时间，这个习惯就已经固化，想要再放弃这个习惯将是十分困难的事情。

因此，要让孩子养成好习惯，父母就要帮助孩子坚持到底。当孩子坚持一个月的时候，这个好习惯就算是已经养成；当孩子能够坚持三个月的时候，那么这个习惯就变得比较稳定；当孩子坚持一年，那么父母即使不再督促孩子，孩子也能够按照习惯做事情了。

2.找出没有养成好习惯的原因

很多时候父母知道某个习惯的养成对孩子来讲是很重要的，但就是没有帮助孩子养成这习惯。父母不妨深究一下，找到没有养成好习惯的原因，是父母没有起到很好的榜样作用，还是父母没有监督到位。比如，要求孩子早上6：30起床，孩子却每次赖床到7：00才能起得来。赖床只是孩子行为的表象，是什么原因导致孩子赖床的呢？是晚上睡觉太晚，还是孩子晚上没睡好，等等。

对原因的深度分析，能够帮助孩子了解自身存在的问题，同时能够让父母帮助孩子改掉坏习惯。

3.简单的习惯好养成

有些父母对孩子的要求比较严格，恨不得孩子一下子就养成所有的好习惯。其实，这样做反而会让孩子很难养成好习惯。父母应该帮助孩子先养成一些简单的好习惯，这样做更容易让孩子坚持下去，越是复杂的习惯越不容易建立。

4.有耐心，接受孩子的不完美

习惯是一步步养成的，不是一蹴而就的，因此，父母在为孩子预设好习惯之后，要帮助孩子慢慢培养，不要急于求成。不仅如此，在孩子好习惯培养的过程中，孩子还是会难免出错，此时，父母要允许孩子短暂犯错，接受孩子的不完美行为。

5.让孩子尝到好习惯的喜悦感

一个习惯的养成，会让孩子尝到从没有过的喜悦感。而一个好习惯的形成，能够给孩子带来更为突出的体验。父母不妨给孩子体验好习惯带来的喜悦感的机会，这能够让孩子更加坚定地去坚持好习惯。

无论是孩子的学习习惯，还是生活习惯，养成这些好习惯都能够让孩子终身受益。同样，父母要意识到好习惯养成的重要性，良好习惯是越早培养越好，而孩子的受益越早，父母也会越发感到轻松。比如，一旦孩子养成了独立完成作业的习惯，那么父母根本没有必要每天督促孩子去完成作业。因为孩子有自己的学习计划，他知道自己每天要完成哪些作业。由此可见，一个好习惯的养成不仅考验的是孩子的毅力，更多的是考验父母的坚持，而孩子好习惯的养成，正是成就父母高效陪伴孩子的必要条件之一。父母要想有效地陪伴孩子学习，自然就需要让孩子养成行之有效的好习惯。

掌握有趣的自我提醒方法

父母在生活中可能会时常自我提醒，比如，该做什么了，什么时间要完成，等等。而对于孩子来讲，他们似乎不懂得如何去提醒自己，甚至不知道"提醒"也可以帮助自己养成好的习惯。

冰冰妈妈是一个陪读妈妈，每天早晨6点钟的闹铃一响，她便起床，然后去菜场买菜，回来给孩子做早餐。她因为害怕自己会睡过头，于是，定了两个闹铃，一个是5：55，另一个是6：00。每天早上闹铃一响，她就知道她该起床给孩子准备早餐了。

冰冰妈妈为了提醒自己起床做早餐而设定了提醒闹钟，很多父母往往只知道提醒自己，却不懂得帮助孩子设定自我提醒的方法。一个孩子如果能够学会自我提醒，那么很多事情根本不需要父母操心，不仅如此，如果在学习中能够进行自我提醒，那这样的孩子不仅具有一定的自律性，更能够主动学习。

有研究人员发现，学习成绩好的孩子往往更具有自律性，而自律性的重要体现之一就是——懂得自我提醒。自我提醒的方法有很多，父母不妨帮助孩子掌握一些方法，让孩子养成自我提醒的习惯。

1.幽默设定提醒

通过一些幽默的铃声、闹钟等进行自我提醒，这个也是很多孩子常用的手段。比如，孩子可以通过手机设定闹铃，提醒自己完成重要的学习事项。

小海是五年级一班的学霸，他从一年级开始，学习成绩就一直很好。他将自己学习成绩好的原因，归结为善于自我提醒。他手机上有几个闹铃设置：早上7点的闹铃是提醒他起床；晚上7点的闹铃是提醒他完成作业；晚上10点的闹铃是提醒他上床睡觉。他会按照闹铃提醒去完成自己一天的安排，因此，他保持着良好的学习、作息习惯。

2.便利贴提醒

很多孩子会在便利贴上写上自己要做的事情，或者是提醒自己要做的事情。比如，有些孩子会在便利贴上写上"6点不写作业，10点不能安眠"，就是提醒自己晚上6点还不写作业，那么到晚上10点也不能睡觉。

丽丽是一个写作业容易走神的孩子，她经常一边写着作业，一边想其他的事情。为了改掉自己这个坏习惯，她想了一个办法，就是在学习桌最显眼的位置贴上便利贴，上面写着很显眼的字"禁止走神，专心学习"。每当丽丽分神抬起头，就会看到这张便利贴，她随即又投入到学习中了。

3.用幽默的励志语激励自己

很多孩子都有自己的座右铭，有的会选择一些有趣的话语既当作座右铭，又当作时时刻刻对自己的提醒。比如，"学习不努力，班花不理你""吃得苦中苦，才配当作人""别人在学，我在学；别人在睡，我在学"，等等，通过一些有趣的励志语来激励自己，并提醒自己好好学习。

帮助孩子建立自我提醒的习惯，其实是在帮助孩子进行自我监督和督促，父母不可能事事都替孩子想到，更不可能将所有的事情都替孩子决定，所以孩子需要进行自我督促、自我决定。而帮助孩子建立自我提醒的习惯，就是让孩子懂得如何对自己进行督促，如何让自己做出决定。

很多父母希望替孩子做所有的事情，只希望孩子认真学习，但是如果一个孩子连自我提醒的能力都没有，父母还能指望孩子如何去全身心地投入到学习中呢？因此，父母可以帮助孩子建立自我提醒的习惯。在日常生活中，可以有意识地让孩子先提醒父母做某些事情，然后再让孩子做自我提醒。久而久之，孩子就会养成自我提醒的习惯，并能够按照自己的计划和提醒去进行学习。

善于进行自我提醒的孩子多半能够改掉不良的学习习惯，然后养成良好的学习习惯。比如，上课容易犯困，为了提醒自己不犯困，有些孩子会拿出书夹子夹住自己的手指，此时手指的疼痛感能够让他变得精神而不再犯困。这种方法虽然不是有趣的自我提醒方法，却能够起到自我提醒的作用。

聪明的父母不仅能够让孩子独立完成作业，还能够让孩子学会自我提醒，养成良好的自我督促的学习习惯。

自我监督，做自己的监考官

孩子在家学习的时候，往往会受到父母的监督；在学校学习时，又会受到来自同学与老师的监督。很多孩子也因此不懂得自我管控，不知道如何对自己进行监督。如果有一天，父母因为工作关系，没有时间监督学习，那么这样的孩子就很容易放松下来，甚至会出现成绩下滑的情况。

如果孩子从小就能够养成自我监督的好习惯，那么无论是对他的学习，还是在以后进入社会中工作，都是有很大的意义和影响的。因此，父母有必要立刻培养孩子在学习中进行自我监督和自我管理的能力。

一个孩子放学回家，妈妈喊他去写作业，他问道："妈妈，今天老师留的什么作业呢？"

妈妈问道："老师说在课堂上告诉你们是什么作业了，还写到了黑板上。"

孩子接着问："妈妈，作业你抄下来了吗？"

妈妈生气地说道："你没记下来吗？我又没上课。"

孩子说道："我忘了，我看看作业本。"过了两分钟，孩子又问道："妈妈，我作业本呢？"

上面这个例子看起来就像是个笑话，但生活中确实有这样的孩子。不难看出，这个孩子缺乏自我管理能力，他在学习上完全依靠父母的监督。如果父母不去监督，他连老师布置的作业是什么都不知道。

陪伴孩子学习的父母通常会忽略这一点，认为自己能够很好地监督孩子进行学习，甚至能够帮助孩子进行学习检查，就没有必要对孩子进行自我监督的培养。其实不然，当孩子长大之后，可能会住校学习，也可能去外地工作，那父母将无法再监督孩子学习或工作。那么，父母不妨趁早培养孩子的自我监督与自我管理的能力。

1.知识掌握程度的自我监督

在学习方面，孩子怎样才能知道自己掌握的知识是否熟练呢？最简单的方法，就是通过自我检测的方式来进行自我了解。在检测的过程中，如果检测结果不如意，那就表明孩子的知识掌握不熟练，这样孩子也就知道要如何去进行学习了。当然，孩子进行自我检测的方法和条件要灵活多样，父母不要只是简单地通过测试的方法来检测孩子，这只会让孩子觉得枯燥，甚至不愿意配合父母进行检测。可以将知识点贯串到日常生活中，那么在生活中就能够让孩子进行检测。

2.行为习惯的自我监督

孩子是否养成了好的行为习惯，对孩子的学习至关重要。父母可以鼓励孩子对自我行为进行检测。为了帮助孩子进行自我监督，父母可以给孩子制订一张行为检测表，其中要明确地表明一些行为习惯。比如，是否按时完成作业，是否主动做作业，是否对作业进行自查，是否对学过的知识进行复习，是否制订学习计划，等等。

父母帮孩子罗列出日常的好的行为习惯，孩子就可以对照这些行为习惯进行自我监督和检查了，从而了解自己哪些好的行为习惯没有坚持，哪些坚持得比较好。

3.帮孩子创建自我管控体制

在孩子还不懂得自我管控的时候，父母可以有意识地帮助孩子创建自我管控体制，即形成自我约束、自助、自律的管理气氛，让孩子意识到自己既是被管理者，又是自己的管理者。同时，让孩子意识到自己管理自己的目的是什么，好处是什么。比如，让孩子自己设定奖惩机制，即完成作业会奖励什么，没完成作业会得到什么样的惩罚。这样一来，因为是孩子自己设定的，所以他会更愿意去遵守奖惩机制。

薇薇是五年级的学生，她的房间有一张自我监督表，其中写了很多自我监督项，包括：作业是否当天完成，作业是否认真检查，当天所学知识是否已经掌握，等等。每一项后面还有一个奖惩要求，比如"作业是否当天完成"这项，如果能够连续两周做到"完成"，她就会允许自己去吃一个汉堡。再比如"作业是否认真检查"这项，如果没有认真检查作业，她就会惩罚自己将错题抄写两遍。

通过这个自我监督表格，薇薇的学习很少要父母操心，不仅如此，她在班级也是名列前茅。

在孩子进行自我监督的开始阶段，肯定会遇到一些困难，所谓"万事开头难"，不仅如此，在孩子监督自己的时候，还会出现一些纰漏，这是很正常的事情。父母不能因为害怕孩子自我监督不到位，而拒绝孩子进行自我管理。比如，有些父母担心孩子洗不干净袜子，于是就不让孩子去洗袜子，一直由父母代劳。这虽然是一件很小的事情，也可能被父母认为是孩子自理能力的范畴，但是从另一个角度来讲，这就是父母拒绝孩子进行自我监督和自我管控。

孩子在进行自我监督的过程中，可能需要求助于父母，但在面对孩子的求助时，父母可以尽量想办法提醒孩子，而不是直接给予解决问题的办法。当孩子知道如何通过思考去进行自我监督和自我管控后，学习往往会变得独立自主，还会养成良好的学习习惯。

在生活中，一个善于自我管控的孩子，往往不会做出"出格"的事情。他们善于进行自我反思，他们更知道什么事情该做，什么事情不该做。因此，父母要想让孩子自主学习，就要让孩子养成自我监督的学习习惯。当孩子的这一习惯养成之后，陪伴孩子学习的父母会发现，"陪伴学习"是一件很轻松的事情。

第七章
教孩子进行自我管理

给男孩儿"自强"的暗示

曾有一首火遍大江南北的歌叫《男儿当自强》。的确，在对男孩儿的培养过程中，讲究的就是让男孩儿明白"自强"的重要性。然而，在生活中，很多父母根本不清楚如何让男孩儿学会"自强"。

自强，即自己奋发图强，努力向上。自强不仅包含了勤奋、努力，更包含了一种积极向上的精神。父母在对男孩儿的教育过程中，要想让男孩儿变得更加独立，就要让孩子学会自强。不论是在家庭陪伴的过程中，还是在孩子遇到困难时，父母都要给孩子"自强"的暗示，即面对困境，要学会自己面对和应对。

1.在生活中，父母要让孩子学会必要的自理能力

不要让孩子养成饭来张口，衣来伸手的习惯。因为一个不懂得自理的男孩儿，你还如何要求他去学会自强呢？其实，当孩子在做力所能及的事情时，也就是他在学习自强本领的时候。父母可以让孩子通过努力去解决生活问题，这对孩子来讲，是来自父母的信任，同时也是父母对孩子"自强"的心理暗示的一种体现。

2.学习中的困难，父母不要急着帮助解决

无论孩子遇到什么样的困难，父母都希望孩子能够获得成功，于是有些父母便会直接帮助孩子解决困难。其实，这样做会大大降低孩子做事情的信心。

父母正确的做法应该是让孩子先试着去解决问题。在孩子解决问

题的过程中，父母可以鼓励孩子，告诉孩子"你能行"，让孩子有勇气去面对困难。当孩子经过多次尝试而成功之后，孩子的自信心会更强。此时，来自父母的"你能行"，便成了对孩子最好的"自强"的心理暗示。

3.孩子迷茫时，父母给予信任的支持

当孩子在学习中感觉迷茫时，父母可以让孩子按照自己的决定去做出选择，给予孩子一定的信任，然后暗示孩子"独立选择"。让孩子学会对自己的选择负责，这本身也是一种自强的表现。

没有哪个父母希望自己的孩子变得懦弱，而要想孩子自强，父母就需要给予孩子一定的心理暗示，并帮助孩子养成自立、自律的习惯。很多父母认为，只要孩子面对困难，需要父母帮助的时候，父母就应该义无反顾地去帮助孩子。其实不然，孩子需要父母的帮助，更需要父母给予他们力量，相信他们能够解决问题。当孩子体验了解决问题的喜悦感之后，只会更加独立，更加自强。

给女孩儿"自律"的引导

阿尔伯特·哈伯得曾经说过这样一句话："自律就是在该做的时候，不管喜不喜欢，都去做你应该做的事情。"可见，自律性的培养能够让一个人知道自己该做什么，喜欢做什么。对于女孩儿的教育来讲，父母更应该注重对孩子自律性的培养。

当一个女孩儿在学习的过程中，总是出现分心、不专注、不能按时完成作业等情况时，多半是因为孩子不能进行自我管控，即管不住自己的心，管不住自己的行为，不具有时间观念，无法做到专注学习，因此无法按时完成作业。父母要培养孩子的自律能力，不妨从以下几点对孩子进行引导。

1.从日常小事做起

当父母发现孩子无法自律，需要通过父母的不断监督才能够认真学习时，父母可以从小事着手，锻炼孩子的自律能力。比如，当孩子说要早起去跑1000米时，父母要让孩子说到做到，即便孩子起不来，父母也要去提醒孩子，甚至要求孩子利用好时间将自己计划的1000米跑完。

这样从小事情做起，让孩子意识到自己制订的计划必须按照计划执行，否则计划的制订就没有了意义。

2.尊重孩子的选择

很多时候，孩子不够自律，是因为父母不认同孩子的选择和作为。父母认为自己的选择才是正确的，而孩子的选择是错误的。

其实，给孩子一定的选择权，对孩子自律能力的培养是至关重要的。比如，可以让孩子选择放学回到家是先写作业还是先玩，如果孩子选择先玩，那么饭后必须主动进入学习状态。这种让孩子选择的方式，能够起到自律的效果。

3.让孩子参与制订学习计划表

很多父母抱怨自己的孩子不听话，抱怨孩子不够自律，其实很多时候是因为父母所制订的学习计划根本没有征得孩子的同意。比如，父母按照自己的计划，想当然地认为孩子在做完老师布置的作业之后，还应该再学习半个小时的英语。或者是，孩子在写完作业之后，还应该进行模拟题的自测，等等。

如果父母不征求孩子的同意，强行向孩子施加压力，孩子自然不会愿意按照计划表来执行。由此可见，在制订学习计划的时候，要接受孩子的一些要求和意见。当亲子双方都认可学习计划表时，孩子自然会按照计划表来进行学习安排。这张学习计划表也就成了孩子自律的表现。

4.循序渐进地培养孩子自律

自律性的建立本身不是一件简单的事情，更不是通过父母唠叨就能够建立起来的。父母要有耐心地帮助孩子学会自律，而不是不停地抱怨孩子。当然，自律性的养成需要一个过程，父母也不能过于心急。

对女孩儿来讲，很容易受到外界或内在的干扰，为了能够帮助孩子避开干扰，父母要给孩子进行自律性建立的引导。引导孩子在学习中建立自律的能力，从而避免出现上课分心、学习不专注的行为。有效地陪伴孩子不仅是对孩子学习上的监督，更是对孩子好的行为习惯建立的一种引导。

第八章

孩子不得不学的时间管控法

帮孩子建立时间概念的方法

很多父母抱怨自己的孩子做事情拖沓，不仅仅是出现在学习方面。有些孩子做任何事情都不慌不忙，再着急的事情，也会表现出"磨叽"。此时，父母就会十分生气，催了又催，喊了又喊，扭头一看，孩子仍然在不慌不忙地按照自己的速度做事情。

父母不知道为什么很简单的一件事情，孩子总是在拖延。尤其是在做作业的过程中，明明会做，或者明明就抄写几个生字，孩子却需要一个小时、两个小时，甚至更久。分析孩子出现拖延的原因，父母们不难发现，很多孩子对待时间根本没有概念。

你的孩子是否有时间意识呢？或许很多父母在陪伴孩子学习的过程中，很少会考虑到这个问题。甚至有父母会认为，孩子只要负责学习就好，时间上的安排完全由父母来掌控。如果真的是这样，父母又会发现，在学习这件事情上，父母比孩子还要累。

让孩子提高做事效率最简单的办法就是帮孩子建立时间概念，让孩子意识到时间的存在，感受到时间的珍贵。俗话说得好，"时间就是金钱""时间就是生命"，可见，时间对于人类来说是多么地重要，而对于孩子来讲，时间的重要程度不言而喻。

我们就拿考试来讲，一场考试下来可能就90分钟，而在这90分钟内，孩子要完成多少道题，要写多少字，都会受到时间的限制。很简单的理解就是，如果孩子做题速度慢，写字磨蹭，那么很可能是无法完成试卷的。由此可见，学习时间是宝贵的，孩子必须意识到时间的作用。

那么，作为父母，要如何帮助孩子建立时间概念，让孩子的学习效率提高呢?

1.认识时间是前提

有些孩子已经上了小学，还是不认识钟表，就连分针、秒针都分不清楚。父母要让孩子从小学会认识钟表，让孩子意识到三根针的转动代表了时间的流逝。

父母教会孩子去关注时间，对孩子养成珍惜时间的习惯是有好处的。

2.与孩子进行时间约定

在做事情之前，父母可以跟孩子进行时间约定，这样做既能够让孩子感受到时间的长短，也能够让孩子对所做事情产生紧迫感，从而不至于出现拖延的现象。比如，计划明天和孩子去游乐场，那么可以告诉孩子："我们明天早上八点准时出发，九点就能够进入游乐场。如果你不能在七点半起床的话，那么我们九点还无法进入游乐场。这样的话，会造成你有很多想要玩的项目都没时间玩，因此你需要提前半个小时起床，然后洗漱、吃饭。"

这样一来，孩子会按照说好的时间起床和准时出家门。这样做也能够让孩子意识到半个小时、一个小时究竟有多长。

3.教孩子分清楚事情的轻重缓急

在培养孩子的时间观念的过程中，父母需要教会孩子分清楚什么事情是着急的，什么事情是重要的，什么事情是次要的。在孩子的学习过程中，可能会遇到很多问题，这个时候如果孩子能够分清楚事情的轻重缓急，那么就能够合理地安排自己的时间了。

在这里，我们要学习美国管理学家柯维先生提出的"时间四象限法"，即可以让孩子将自己要做的事情按照重要和紧急程度来进行划分：重要并紧急的、重要不紧急的、紧急不重要的、不重要且不紧急的（如下图所示）。孩子就可以按照这个标准来安排自己先做哪件事情，再做哪件事情。

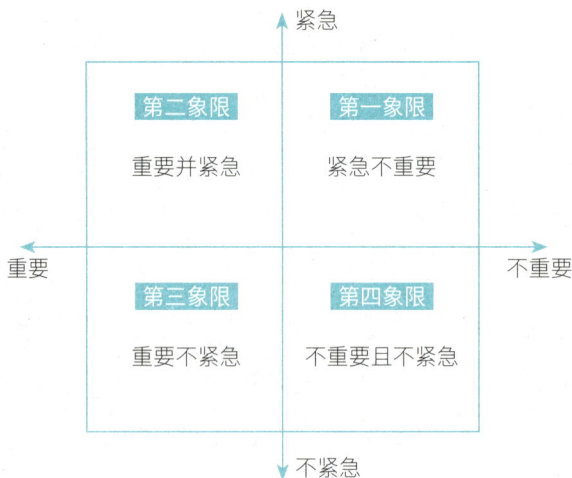

只要孩子能够分清自己需要做的事情是轻重缓急中的哪一种，就能给予事情合理的时间和顺序安排。写作业也是如此，孩子能够先做着急而重要的作业，最后做不重要也不着急的作业。

4.限时训练培养孩子的时间观念

在做事情之前，父母要善于给孩子规定好时间。比如，孩子要写语文作业，父母在了解了作业量和难度之后，给予时间上的评估，然后明确地告诉孩子，需要在半个小时内完成语文作业。这种限时让孩子完成作业的方式，能够让孩子的内心产生紧迫感，从而避免出现拖延的情况。

当然，要对孩子的学习进行限时训练，父母必须先了解学习内容的量和难度，如果量大、难度大，父母的限时又不够，就很容易让孩子产生挫败感。

晨晨妈妈看到晨晨在写作业时，一会儿玩笔，一会儿玩橡皮，十分生气。于是，她将晨晨的作业当作考试，对晨晨说："以后你回家写作业就如同进入考场考试。我会给你规定好时间，而时间结束，也就是你要交作业的时候。"

通过这种方法，晨晨每次写作业都会很迅速，而且在写完作业之后，如果有多余的时间，他还会主动地检查作业。

在日常生活中，父母要帮助孩子养成正确的时间观念，正确认识时间的重要性，不仅如此，还要让孩子知道如何去管理时间，如何分清楚事情的轻重缓急。如果一个孩子具有强烈的时间观念，那么他做事情往往是高效的，对待学习也不会再出现拖延的情况。

高效陪伴孩子学习的父母，懂得让孩子对自己的学习时间进行规划，从而在保证作业质量的同时，提高写作业的速度。

制订一周的课外时间安排表

很多孩子会抱怨，说自己根本没有"课外时间"。孩子放学回家后，父母会安排大量的学习任务，这就导致孩子根本没有时间去做自己感兴趣的事情。父母应该给孩子留有一定的课外时间，这对孩子的学习是十分有帮助的。

善于陪伴孩子学习的父母会给孩子留出"放飞自我"的时间，这样做能够让孩子的大脑得到放松，从而更利于作业的完成。

晓燕非常喜欢玩轮滑，妈妈也理解她喜欢玩轮滑的心情。于是，母亲每天会给她留出半个小时玩轮滑的时间。正是因为母亲的理解，她在玩轮滑之后，便不再像其他孩子那样，要求玩手机、看电视。她每次在玩完轮滑之后，便会主动地进入房间进行学习。

父母在陪伴孩子的过程中，会发现孩子并不是要求要拥有多么长的玩耍时间，其实，孩子只是希望父母给自己留一些空间和时间，能够做一些自己喜欢做的事情。

某研究单位曾对一所中学的100名学生进行了调查，调查结果显示：有30名学生在放学之后，父母除了会安排孩子的学习之外，其他时间都需要上一些补习班、兴趣班。有10名学生表示，父母偶尔会给自己不超过一个小时的时间去做自己喜欢做的事情。另外，仅有10名学生表示，父母每天都会留给自己一个小时及以上的时间去做自己喜欢做的事情。

这个调查表明，父母总是希望孩子利用所有的时间去学习，无论是对课程的学习还是"报班"学习。孩子成为父母安排的目标，因为父母容忍不了孩子去玩耍，甚至认为玩耍就是在浪费时间。要知道，孩子玩耍也是提升孩子大脑反应能力的方法。父母不妨给孩子一定的"自由时间"，让孩子做好课外时间的安排规划，有计划、有目的地"玩"，这样既能够帮助孩子缓解学习压力，也能够让孩子变得更加专注。

那么，在制订课外时间计划表的时候，表格中一定要包含以下几方面内容。

1.计划时间段

无论孩子是计划去游泳，还是计划出去骑单车，都要明确地标出时间，即几点到几点做什么事情。这种时间的明确，能够让孩子进行自我约束和自我管控。这样也不至于让孩子玩着玩着就超出了时间，从而影响其他事情的完成。

2.计划项要明确

有些孩子在制订计划表的时候，会将某个时间段定位为"玩"，至于玩什么，孩子不去明确。而真到了玩的时间，孩子会很容易迷茫，甚至不知道自己要做什么。为了避免这种现象的发生，孩子需要将事情进行明确化，比如，18点到19点，去打篮球。

3.课外时间的安排要现实

课外时间安排表的制订一定要建立在现实的基础上，即自己制订的表格要能够实现。比如，有的孩子可能会写几点到几点要去动物园，而动物园在那个时间段是闭园的，也就是说这个计划是无法实现的。因此，父母帮助孩子制订切实可行的计划，避免孩子制订的计划无法实现，甚至出现不合理的情况。

在制订课外时间安排表时，也可能因为突发事件而打乱计划表，但是父母尽量不要因为自己的原因让孩子的计划泡汤，否则孩子会觉得十分失望。同样，当孩子的计划需要父母配合时，父母也要积极地配合孩子去完成。比如，孩子计划在某天某个时间段，让父母陪自己去散步，那么父母要放弃玩手机，陪孩子出去走走。

潇潇是一名名副其实的学霸，他对自己每周的课外时间都有清楚的安排，具体安排如下表：

	星期一	星期二	星期三	星期四	星期五
18：00—19：00	轮滑	绘画	轮滑	绘画	轮滑

每个孩子都希望拥有可以供自己支配的时间，但并不是所有的父母都愿意给孩子自由支配的时间，因为有些父母认为，孩子的自由支配时间越多，玩的时间也就越多，而学习时间就越少。

其实，孩子的课外活动越丰富，对大脑的开发和学习的促进就越好。因此，善于陪伴孩子学习的父母会让孩子劳逸结合，而劳逸结合最简单的方法就是让孩子自由安排课外时间，做他自己感兴趣的事情。

父母不要认为课外时间的学习能够让孩子的成绩得到迅猛提升，要知道孩子在学校已经学习了一天，他们回到家中急需让大脑得到放松，因此，父母不妨给孩子一个小时的自由支配时间，让他通过感兴趣的事情来放松。

干扰排除法：提高孩子整体学习效率

你的孩子在写作业的过程中，会不会出现以下这些情况：

1.写几个字，不由自主地开始摆弄手中的笔；

2.坐到学习桌前，书本已经摆好，人却在关注窗外；

3.你在外屋接电话，孩子在里屋关心你说的每一句话；

4.简单的几道题，边玩边写，花费了一个多小时；

5.写作业时，一会儿口渴了，一会儿上卫生间，一会儿吃水果。

如果经常性地表现出以上几种情况，那就说明你的孩子很容易受到外界的干扰，不能静下心来认真地学习。

面对孩子的这些表现，父母要如何做呢？

1.人为地帮助孩子减少干扰项

尽量给孩子安排一个学习的房间，然后在房间布局上尽量简单，不仅如此，在学习桌上尽量不要放除了书本之外的其他东西，避免孩子因为外界物品而分心。

2.家庭环境要安静

当孩子在写作业的时候，尽量不要因为手机、电脑、电视等发出声音而干扰到学习。因为对孩子来讲，他本身就喜欢看电视、玩手机。如果他在写作业，父母玩手机、看电视的声音很大，他自然会分心。

3.对孩子进行专注力训练

孩子的专注力如果不强，就极易出现分心的状态。在日常生活中，父母要有意识地培养孩子的专注力。让孩子能够在学习的时候，起码保持半个小时的专注。

4.激发孩子对学习的兴趣

不爱学习的孩子在写作业的时候，他的内心往往是烦躁的。如果孩子对学习产生了兴趣，他就会主动地去进行学习，甚至主动地去要求写作业。父母要多激发孩子对学习的兴趣，比如，让孩子感受到古诗的美，他自然会愿意多接触古诗；让孩子接触到数学在实际生活中运用的奥妙，那么他自然会喜欢进行数学运算。

因此，父母要帮助孩子挖掘学习中的兴趣点，让孩子感受到学习带来的快乐。这样一来，孩子在写作业的时候，肯定也会很专注。

5.避免来自父母"爱"的打扰

在爱孩子的道路上，父母也是会犯错的。比如，当孩子正在房间认真写作业的时候，有些父母担心孩子会口渴，于是，倒了一杯热水，好心地将热水端给孩子："宝贝，先喝了水再写作业。"原本孩子正在认真地写作业，结果注意力就这样被父母打断了。因此，父母不要以"爱"孩子的名义，做出不利于孩子学习的事情。

第一天，小路放学回家，他告诉妈妈自己要去房间写作业了。妈妈很高兴，然后去做晚饭了。大概过了半个小时，妈妈端着一盘水果敲门进来了，原来她担心孩子饿了。

第二天，同样的情景发生了。小路写作业过了半个小时，妈妈端了一杯热牛奶进来，要求孩子喝了再写作业。小路听妈妈的话，喝了牛奶，继续学习。

第三天，小路没有再着急投入到学习中，在房间里边玩边写作业。因为他在等待妈妈给他送吃的喝的。果不其然，妈妈端着一盘儿剥了皮的坚果进了屋。等小路吃完坚果，却很难再将注意力转移到学习上。

在孩子的学习过程中，父母应该尽量减少外界对孩子的影响。每当孩子受到一次干扰，就需要下更大的决心再次将注意力转移到学习上。对孩子来讲，注意力的每一次转移，都是需要花费时间和精力的。

聪明的父母在陪伴孩子写作业的过程中，会给孩子营造出适合学习的环境和家庭氛围。不让孩子受到外界的干扰，能够有效地避免孩子在写作业的过程中出现分心的情况。

早起定闹钟，钟声响人起床

你的孩子是否有赖床的习惯呢？不管是寒冬腊月，还是酷暑炎夏，孩子都是"起床困难户"，这种情况并不少见。当然，赖床的坏习惯并不是只有学习差的学生会有，很多学习好的学生反而更容易赖床。

赖床，对孩子来讲其原因有多种。可能是晚上睡得晚，早上起不来；可能是夜里没睡好，早上不想起；或者是气候的影响，严寒酷暑都会影响孩子起床的欲望。但是不管是哪种原因，父母都应该帮助孩子建立良好的作息规律，让孩子做到早睡早起。

为了让孩子起床，很多父母会让孩子定闹钟，闹钟一响，人必须要起床。这其实是一种有效的方法。定闹钟这个行为，对孩子来讲，就是一种提醒和自我督促。

在日常生活中，父母要掌握孩子的作息规律。尤其是陪伴孩子做作业的父母，可能会担心孩子写不完作业就睡觉，第二天影响交作业。但是反过来想一想，到了深夜孩子的大脑其实已经很困倦了，做作业的效率也会低，父母不妨让孩子先去睡觉，第二天早点起来再做作业。

那么，在现实生活中，父母通过定闹钟的方法，催促孩子起床或是做任何事情，应该注意些什么呢？

1.闹钟的音量

如果父母打算通过闹钟来提醒孩子该起床了，那么，闹钟音量不能太小，太小的话孩子在睡梦中根本听不到，闹铃就没有意义了。但是，音量太大，又会将孩子猛一下闹醒，显然对孩子的健康是不利的。

2.定闹钟的时间需要与孩子进行商定

父母希望孩子早上几点起床，要跟孩子商量征得同意才好。如果没有经过孩子的同意，孩子往往会将闹钟关掉后继续躺下睡觉。因此，定闹钟的时间一定是孩子所接受并认可的。

花花已经上初三了，妈妈希望她每天早上能够六点半起床，然后学习半个小时，这样既能够达到复习功课的目的，又能够让花花有时间好好吃早饭。于是，花花妈妈便将闹钟由原来的七点，调到了六点半。

第二天一大早，闹钟在六点半准时响起，花花迅速起床了，但是等她发现才六点多时，便很生气。她问妈妈，是否将闹钟时间提前了。妈妈便告诉花花提前早起的原因，花花反驳道："我不用早起读书，因为八点的时候，我们有半个小时的早读时间。"但是妈妈不这样认为，她觉得多读半个小时的书也没有坏处。因为这件事情，母女两个人还大吵了一架。

3.定闹钟是为了帮助孩子养成良好的作息习惯

用闹钟提醒孩子起床、睡觉、学习，都是很不错的一种方法。而运用闹钟提醒孩子，其实就是为了让孩子养成良好的作息规律和学习习惯。比如，一位妈妈让女儿每天早上听到闹铃响之后就起床，经过一个月的闹铃设定，后来只要到时间点，女儿就会自然醒来并起床，不管有没有闹钟的提醒。这就是良好作息习惯的养成过程。

孩子有必要养成良好的作息习惯，这对孩子的身心健康都有好处，同时，对良好学习习惯的养成也是有好处的。因此，父母可以借助一些"外力"来达到帮助孩子养成良好作息规律的目的。

要想有效陪伴孩子学习，父母不仅要关心孩子的学习时间和学习质量，更要关心孩子的休息是否充分。当孩子在白天表现出没有精神时，就有可能是晚上没休息好的缘故。因此，父母要了解孩子的作息规律，鼓励孩子按照设定好的作息时间来进行。

学会规划，写作业的顺序很关键

你的孩子是怎样安排写作业的顺序的呢？在陪伴孩子学习的过程中，有不少父母会发现孩子在写作业的顺序上并没有任何规律，甚至不会将写作业的顺序进行规划。有些孩子和父母认为，不管先写哪个作业，最终的结果都是一样的。

其实不然，在我们做自己擅长而喜欢的事情时，内心是不紧张的，同时也是愿意去接受的。而如果让我们去做一些自己不擅长的、难度较大的事情时，我们的内心是充满抗拒的，做起来也是速度较慢，花费时间较多的。

对于孩子来说，写作业也是如此，当孩子写自己擅长的学科作业时，绝对是高效的。而当面对不擅长的作业时，孩子往往会拖沓。正因为如此，父母有必要帮助孩子对作业顺序进行规划，比如，先写什么科目的作业，再写什么科目的作业，这样做可以帮助孩子以最佳的状态最高效地完成作业，并让孩子意识到高效完成作业是有技巧的。

那么，写作业的顺序要如何来规划呢？

1.先易后难

有效陪伴孩子写作业的父母肯定知道哪些作业对孩子来讲是有难度的，哪些作业对孩子来讲是毫无难度的。因此，父母要引导孩子先做容易做的作业，再做难度较大的作业。这样做的好处是让孩子在做难的作业时，减少心理负担。避免孩子做完难的作业之后，消耗大量的时间，没有精力去做其他的作业了。

让孩子先做容易做的作业，能够激发学习兴奋点，让孩子有成就感，从而更有助于难度大的作业的完成。

2.先做擅长的，再做不擅长的

对于每个孩子来讲，都有自己擅长的科目，以及不擅长的科目。父母可以引导孩子先做擅长科目的作业，再做不擅长科目的作业。这样做能够先让孩子体验成就感，然后在做不擅长的作业时，能够更加有信心。

3.先做感兴趣的，再做常见的

对于一些孩子来讲，他们的好奇心很强。当他们遇到自己感兴趣的题后，会很兴奋，很愿意先去做这些题，而对于那些常见的、没新奇点的题，则不愿意去做。那么父母不妨让孩子先做感兴趣的题，然后再鼓励孩子将剩下的题做完。

4.先做急迫且重要的作业

对于很多孩子来讲，他们认为老师布置的作业都是重要的。这点毋庸置疑，但是其中一些作业相对来讲是比较急迫的，甚至有时间点的要求。因此，要引导孩子先做急迫且重要的作业，再做重要但不急迫的作业，最后做不急迫也没有那么重要的作业。

在写作业这件事情上，父母往往认为孩子无论先做哪科的作业，最终所有的作业都是必须做完的。于是，父母也忽视了对写作业顺序的引导。其实，对于孩子来讲，在开始写作业的时候，精力是最集中和充沛的，在学习了一段时间后，大脑会感觉到疲倦。针对这一规律，父母应该帮助孩子进行写作业排序的规划。

有些孩子经常抱怨作业太多、太难，根本写不完，其实是因为没有进行合理的作业规划，对写作业的顺序没有进行科学的安排，没有很好地利用时间。而善于对孩子的学习进行规划的父母，往往能够让孩子在写作业的过程中感到轻松，这正是高效陪伴孩子写作业应该包含的内容。

利用碎片化时间完成作业

碎片化时间，指的是零碎时间段。对孩子来讲，在一天中有很多碎片化时间，如果孩子能够抓住碎片化时间来完成一些少量的或者简单的作业，那么会有更多的自由玩耍时间。

美美上六年级了，学习比较紧张，老师布置的作业也很多。她还在学画画，已经学了六年了，她又不想放弃画画。但是作业太多，回家之后根本没时间去练习画画。

妈妈帮她想到了一个办法：每天下午五点四十，妈妈会开车接美美回家，从学校到家里大概需要半个小时的车程，那么美美可以利用这半个小时将最简单的作业做完。这样一来，起码可以节省半个小时的时间。等回到家之后，在七点钟晚饭前就能够将作业做完。饭后，美美就有一个小时的绘画时间了。

利用碎片化时间来完成简单的作业，这是聪明的父母帮助孩子合理规划时间的结果。很多孩子根本没有意识到在这短短几分钟、十几分钟内能完成部分作业，但是父母可以帮助孩子进行分析，让孩子先做简单的作业。

那么，如何让孩子利用碎片化时间来完成作业呢？

1.让孩子意识到碎片化时间的存在

很多孩子并没有意识到碎片化时间的存在，比如课间的十几分钟，又比如车上的十几分钟。父母可以告知孩子这些碎片化时间，让孩子利用起来完成部分学习内容，那么在回家之后，孩子就可以拥有多一些的自由支配的时间了。

曾有一位调查人员，对100个年龄在8—12岁的孩子进行调查，发现其中72个孩子从来没有利用碎片化时间来写作业的习惯，其中19个孩子偶尔会利用碎片化时间来完成作业，只有9个孩子养成了利用碎片化时间学习的习惯。这项调查结果是令人惊讶的，竟然有这么多孩子意识不到碎片化时间可以用来学习和完成作业。

2.给孩子做好碎片化时间的合理规划

在小段时间内，孩子是不可能完成难度较大或者数量较多的作业的。在这一点上，父母要充分地帮孩子进行分析，合理规划碎片化时间，让孩子既能利用这些碎片化时间，又能够让孩子真正掌握知识。

3.一分钟也不能浪费

从父母的角度来看，孩子要学会重视每一分钟的时间。而从孩子的角度来讲，父母应该让孩子意识到每分钟都是重要的、可以利用的。比如，孩子可以利用一分钟的时间，记住一个单词；可以利用一分钟，学会两个生字，等等。

　　父母要意识到碎片化时间的重要性，不仅如此，还要正确地引导孩子进行利用，这也是有效陪伴孩子写作业的一种方法。

　　在日常生活中，父母会发现孩子做作业的大段时间其实也就是晚上放学回家，如果晚上做不完作业，就意味着孩子无法完成当天的作业。因此，父母要引导孩子利用碎片化时间，先将一些简单的、量少的作业在碎片化时间内完成，这其实是在帮助孩子节约时间。

适时放弃与坚持同等重要

在教育孩子的过程中，我们经常会听到父母教育孩子要"坚持"，尤其是遇到困难时，一定要坚持下去。然而，对于做作业或者学习来讲，有时候坚持的效果没有"放弃"好。

可能有些父母会感到疑惑了，怎么可以告诉孩子学习时可以放弃？事实就是如此。当孩子在学习的过程中，遇到特别难以理解和掌握的知识点时，孩子要记住这个知识点需要花费很长时间，而这个知识点的重要程度可能也不高，那么父母可以让孩子适当地放弃，从而赢得更多的时间和精力去学习其他的知识点。由此可见，适当地放弃那些自己不擅长的难点和坚持攻克自己能够解决的问题是同等重要的。

在考试之前，老师通常会告诉孩子"先做简单的，不会做的先放一放"。老师口中的"放一放"就是让孩子先暂时放弃某道题，从而将更多的精力放在自己会做的题上，等到会做的题都做完了，再花费时间和精力去研究那些不会做的题。

212

上六年级的西西期中考试完了回到家，爸爸问道："今天考得怎么样？"

西西回答道："会做的都做了。"

爸爸接着问道："那么，有几道题不会做？"

西西回答："数学有一道题不会做，因为太难了，我选择放弃了这道题。"

面对孩子的回答，这位爸爸并没有生气地冲孩子吼叫，只是说道："既然你选择放弃这道题，那证明这道题的确有难度。等试卷发了，拿回来爸爸和你一起研究。"

在对孩子的教育过程中，父母希望孩子坚持学习，即使遇到再困难的事情，都不要放弃。却很少有父母知道，适当地放弃，其实是一种巧妙的学习方法。但是，选择放弃的时候，应该具备以下几个条件：

1.反复思考，终究不会做

有些孩子对一些题目做了反复的思考，在确定自己真的无法解决后，他们会选择放弃这道题。其实，这种放弃是对其他题的"成全"。因此，在孩子反复思考、尝试之后，仍然无法解答的题可以选择暂时放弃。

2.放弃不代表不去解决问题

当孩子在考试的时候遇到一道无法解开的难题，那么只能放弃。但是这并不意味着可以永远不去解决这道难题——在考试结束之后，有必要向老师或父母或同学请教，最终达到解决问题的目的。

3.放弃也要讲究"度"

对于孩子来讲，并不是遇到困难都要放弃。尤其是在学习的过程中，放弃并不意味着只要自己觉得困难的知识就可以不掌握。只是暂时可以放弃，等到时间充裕或者是精力允许的时候，还是要去解决的。

有这样一则笑话：

锐锐的考试成绩出来了，数学只考了59分，妈妈生气地问道："为什么就考了这么点儿分？"

锐锐回答道："老师说了，不会的可以先放弃不做。"

妈妈生气地喊道："那你为什么这么多的题不会啊？"

锐锐回答："因为老师说了，考试的时候，不会也不能提问。"

虽然这是一则笑话，但是这表明如果不掌握"放弃"的度，则会让孩子的学习成绩变得很不理想。因此，父母要告知孩子遇到困难要学会坚持、勇于克服，同时也要告诉孩子适当放弃是一种可取的学习态度。

在完成学习任务的过程中，如果孩子只知道一味地坚持，认为只要自己坚持到底，就能够解决所有的问题，那也是不利于学习的。毕竟，每个孩子在学习中都会遇到无法解决的问题，在这个时候，父母可以让孩子选择暂时放弃，将节约下来的时间用到其他的学习任务中，这对全面提升孩子的学习成绩是很有帮助的，而这种教育方法也是陪伴孩子学习的父母所必须清楚的。

耐心陪伴孩子学习的父母会发现，当孩子在学习中遇到困难时，他们希望得到父母的帮助，但是在考试的时候，是没有人能够帮助他们的。所以，如果孩子遇到不会做的题，只知道坚持去做，会浪费大量的时间在难题上，最终导致容易做的题却没足够的时间来做。由此可见，学习的过程是一个灵活的应对过程。学会灵活地运用学习技巧，能够让学习事半功倍。

给男孩儿设定准时概念

准时，就是要求男孩儿能够按照设定的时间点去完成要求完成的学习任务。为什么要给男孩儿设定准时的概念？因为通过研究发现，男孩儿在求学的过程中，出现迟到的现象要比女孩儿高得多。也就是说，男孩儿很容易忽视时间的概念，会出现迟到、早退等现象。

作为父母，应该从小培养孩子准时的习惯，这样做不仅对孩子的学习有帮助，对孩子的一生也是很有帮助的。那么，如何让孩子做到准时呢？

1.父母要给孩子做好榜样

如果父母晚睡晚起，那么孩子怎么可能养成早睡早起的好习惯呢？因此，父母在给孩子定时间规矩的时候，首先自己要做到不迟到、不拖延。

父母要为孩子做好榜样，当要求孩子7：30出家门去学校的时候，首先父母要在7：30之前收拾好出门要带的东西。当孩子看到父母从来不迟到、不延迟，自然会督促自己准时完成学习任务。

2.制订行为契约

什么是行为契约？其实就是用一种契约的方式与孩子进行提前约定，建立书面协议。

在契约中，要明确孩子的行为目标以及完成时间，再通过建立奖惩措施的方式，让孩子更愿意去接受约定。

3.让孩子体验不准时的代价

如果孩子在学习过程中出现不准时的情况，那么不妨让孩子体验不准时的代价。比如，当孩子没有准时完成作业，导致睡觉的时间晚了，那么第二天早上父母也要要求孩子准时起床，虽然孩子会感觉到很困，但也会明白准时完成作业是多么重要。

4.从小事做起

要想让孩子养成准时做作业的习惯，父母不妨从生活小事做起。比如，计划早上8点出家门去上学，那么就要在8点之前准备好一切。在生活中养成了准时的习惯，那么在学习方面孩子自然也能够准时地去完成学习任务。

对于男孩儿来讲，不仅需要能够准时地完成学习任务，更重要的是能够建立准时的概念，这对孩子的成长是十分有帮助的。当孩子觉得准时是一种好的习惯时，就会愿意接受这种准时的习惯。

给女孩儿设定效率概念

每个父母都希望孩子能够高效地完成作业，高效地进行学习。因此，在学习过程中，不仅要有好的学习态度，更要讲效率。如果一个孩子只有学习态度，学习效率却很低，比如做作业的效率很低，那么也是令父母"崩溃"的一件事情。

提到学习效率，家有女孩儿的父母会想到自家的女孩儿——学习效率低，很容易受到外界的影响，两三个小时才完成作业。对于效率的提升，父母要有耐心，这不仅是要求孩子很快地完成学习任务，更重要的是能够很好地完成学习任务。提升孩子的学习效率，就是要让孩子写作业又快又对。

那么，怎样给女孩儿设定效率概念呢？

1.先要有速度意识

父母需要让孩子知道完成作业的速度很重要，可以以考试为例：在考场上，时间是限定好的，考题是限定的，如果做题速度很慢，那么根本做不完考题，怎么可能考高分呢？让孩子意识到做题速度的重要性，从而激发孩子提升做题速度。

2.在时间限定的前提下，做对题很关键

如果孩子只追求速度，不追求正确性，那么所做的题就变得毫无意义。父母在对孩子的教导过程中，应该在提升孩子学习速度的同时，让孩子意识到如何能够将题做对。因为做对题是最终的目的。

3.帮助孩子建立科学的学习方法

很多女孩儿之所以学习效率低，往往是因为没有找到科学的学习方法。比如，孩子做题毫无章法可循，看到手中的题根本不去全面分析所有试题，只知道按照题目的先后顺序来做。而聪明的父母则通过自己的经验，告诉孩子怎样的学习方法是最科学的，比如让孩子先挑选自己最擅长的题下手，等等。

4.教导孩子带着疑惑进行学习

一个善于学习的孩子往往是带着问题去学习的，而不仅仅是一块儿只会吸水的海绵，他敢于质疑。因此，善于提出问题和解决问题的孩子往往能够提高学习效率。父母不能单纯地向孩子灌输书本知识，更重要的是让孩子在探索中学习。

高效陪伴孩子学习是父母帮助孩子提升学习效率的过程，父母应该让女孩儿明白如何又快又对地解决问题，而不是在面对作业时，不断地磨蹭和拖延。

成功的父母必然最能激发孩子的学习"劲头"。父母可以运用科学的学习方法和技巧，让孩子在做作业时既能少花费时间，又能做对题。

第九章

正确辅导孩子写作业的法宝

让孩子从困难中获得自信

对于孩子来讲，自信的孩子往往学习成绩会更好，而缺乏自信的孩子往往成绩相对会差一些。这就不难看出自信心对于孩子有多重要了。父母陪伴孩子写作业、学习，不仅是为了让孩子能够顺利地完成作业，更重要的是对孩子内心的关注与心理的锻炼。

一个初中老师讲道："在我的班级里，前五名学生都不存在自卑的现象，而名次倒数的孩子多半在学习方面是自卑的，虽然他们都很聪明。"那么，聪明的父母会懂得如何去培养孩子的自信心，而不聪明的父母只知道督促孩子完成作业。

林林是一个上了初中的孩子，他的语文成绩很差，妈妈每天都会陪伴他写作业，而每天做语文作业就如同让他上刀山一样。他不喜欢做语文作业，因为他不擅长语文。

"你为什么语文作业老出错？"妈妈问道。

林林回答道："语文太难了！我就是不会做，我也没办法。"

妈妈问道："那你觉得语文哪些题目难？"

林林小声回答道："阅读题特别难，我不知道怎么回答下面的问题。"

听了林林的话，妈妈便每天坚持给他讲解阅读题。课外时间，妈妈还会有意识地让孩子多读一些课外读物，并让孩子养成记笔记、写读后感的习惯。

过了半年时间，林林有一天突然对妈妈说："我觉得阅读题也没那么难了，现在每次做阅读题，我基本上都可以答对了。"

通过上面的例子可以看出，当孩子对某一方面失去信心的时候，往往会在那方面犯错。因此，在父母陪伴孩子的过程中，一定要帮助孩子提升自信心，而提升自信心的最直接途径就是让孩子在困境中成长。

那么，在生活中，父母要如何让孩子在困境中提升自信心呢？

1.帮孩子分析困难出现的原因

在学习过程中，很多时候孩子根本不知道自己面临的困难是如何产生的，所谓"不知其因，怎得其果？"因此，父母不妨帮助孩子去分析困难产生的原因，这样才能够帮助孩子找到解决困难的方法和途径。

比如，当孩子抱怨学不会数学时，父母不妨和孩子分析一下，是因为上课没认真听讲，还是因为对基础知识掌握不牢固导致的不会做数学题。当孩子找到了原因之后，才可能解决掉眼前的困难。

2.让孩子正确认识困难

任何事情都是存在两面性的。在孩子学习的过程中，挫折和困境不一定代表着失败和无能，但是父母要让孩子知道，困难代表着希望。当孩子能够用积极的心态去面对困难时，孩子自然不会觉得无助和自卑。

3.让孩子体验克服困难带来的喜悦感和成就感

所谓成就感，就是做到了原本自己认为做不到的事情，从而产生的一种心理刺激。当孩子在克服了原本自己认为克服不了的困难后，他的内心肯定是喜悦的，同时也是充满动力的，会更加愿意面对困难，甚至更喜欢"难题"。

因此，当孩子暂时面临困难时，父母不要直接帮助孩子解决困难，因为父母太过主动的帮忙，会剥夺孩子体验成就感的机会。此时，父母可以鼓励孩子凭借自己的努力去克服困难。当孩子真的从困境中走出来之后，他会豁然开朗，甚至内心会觉得十分惊喜。

4.肯定孩子的做事态度

当孩子凭借自己的努力战胜了困难，那么父母要做的就是对孩子的行为进行肯定。这个过程十分关键，也是很多父母容易忽视的。

为什么说这个过程关键呢？因为在很多孩子心目中得到父母的认可，是很欣喜的一件事情。当孩子的努力得到了父母的认可，孩子的成就感会再次提升，这对孩子自信心的建立起到了至关重要的作用。

自卑，容易让孩子在学习中变得被动和消极，只要碰到稍微有些难度的作业，就会让孩子"惧怕"，孩子甚至会选择放弃。并不是只有没经历过困境的孩子才会自信，当孩子在困境中体会到了成就感和喜悦感，依旧会获得自信。

没有父母愿意让孩子产生自卑的心理，同样，自信心的建立需要父母付出更多的精力。尤其是当孩子对学习失去了自信时，父母更应该教会孩子在困境中找寻惊喜。而孩子的自信心一旦建立，学习就会更加主动，不仅如此，在孩子遇到挫折时，也不会轻言放弃。

善于陪伴孩子学习的父母，总是能够及时关注到孩子的心理变化。当孩子自卑心理的苗头出现时，便会将其扼杀在摇篮里。

讲故事，打造学习愿景

你是只会讲道理的父母，还是善于讲故事的父母？能肯定的是，聪明的父母肯定是会讲故事的父母。

会讲故事的父母总是能够用故事来阐述道理，这个道理无须直截了当地说出来，而是让孩子自己去领悟，这样孩子才更能体会父母所说的道理。

曾经有一个妈妈带着孩子去找一位教育专家，她对教育专家抱怨道："我的孩子学习成绩一直不好，我还特意辞职在家专门陪读。我发现孩子也在认真地学，可是为什么考试成绩还是不够理想呢？"

教育专家问道："你陪读多长时间了？孩子的成绩一点长进也没有吗？"

这位妈妈无精打采地说道："我都陪读三个月了，孩子的成绩依然处在班里的中下游。"

教育专家接着问道："那你在陪伴孩子学习的过程中，说得最多的话是什么？"

这位妈妈幽幽答道："除了给孩子讲题之外，说得最多的就是'不努力就没有收获''一定要好好学习'这类话。"

教育专家听完之后，给这位妈妈讲了一个故事："我之前在家里的院子里种了一片竹子，我给竹子施肥、浇水，但是半年过去了，竹子看起来并没有长高，也没有长出新叶子来。于是，我开始担心，是不是自己种的竹子没有活，是不是自己做错了什么。后来，到了第二年春天，有一天下了一场小雨，第二天我突然发现地上鼓了很多包，走近一看，原来是竹笋。此时，我才意识到，我种的竹子虽然没长新叶子，也没长高，它却在地底下扎下了根，发了新芽，长出了竹笋。"

听了教育专家说的话，这位妈妈似乎明白了什么。教育专家扭头问孩子："你觉得经过这几个月的认真学习，自己有哪些变化吗？"

孩子回答道："虽然考试成绩没什么特别大的变化，但是我发现我掌握的英语单词多了，对语文的课文熟悉程度也加深了。"

教育专家告诉这位妈妈，孩子已经感觉到了自身的变化，这就是好的开始。

通过这个例子不难看出，这位妈妈只是通过考试分数来判断孩子的学习是否有所进步，而教育专家是通过一则故事让这位妈妈意识到孩子学习努力的效果。同样，如果教育专家像这位妈妈一样，只是单纯地说教，想必是无法帮助这位母亲化解心中的疑惑的。

在生活中，父母完全可以通过一些故事来帮助孩子意识到学习的重要性，从而提升孩子对学习的认知和重视程度。当父母用幽默风趣的故事来教导孩子时，其效果肯定要比单纯地说教更有意义。

1.父母可以通过幽默的故事来表达自己的愿望

父母可以选择讲一些幽默的故事，让孩子愿意听自己的"说教"，从而通过故事，让孩子感悟到其中的道理。这样做既能够引发孩子的联想，又能避免孩子出现厌烦的情绪。

2.父母可以通过真实的故事来激发孩子的决心

在现实生活中，父母会发现自己身边的一些真实案例，此时，可以对孩子讲一些比较熟悉的真实案例，让孩子有一种亲切感，这样更容易让孩子接受父母的建议和意见。

3.通过一些反面例子，让孩子意识到学习的重要性

生活中不乏反面例子，父母可以适当地给孩子讲述，作为促进孩子学习的素材。这样做能加深孩子对父母口中的道理的印象。

一个会讲故事的父母，往往是孩子的"好朋友"。孩子面对"好朋友"的教导，肯定是愿意接受的。当父母通过讲故事的方法来给孩子划定学习的愿景时，孩子就不容易出现排斥心理。

善于陪伴孩子学习的父母，总是能够从现实生活中寻找到接近实际情况的案例，然后生动、耐心地讲给孩子听，而孩子在听了之后，会主动地从故事中汲取营养，这对孩子认真学习是有一定帮助的。

学习态度：适时帮孩子调整

曾经听一位资深老师说过这样一句话："但凡学习成绩不好的学生，多半不是智力问题，而是态度问题。"

可见，孩子的学习态度影响了孩子的学习质量和学习结果。端正孩子的学习态度十分重要，但是学习态度并不是先天的，而是经过老师、父母、学校、同学等多方面影响而后天形成的。

孩子的学习态度形成之后，往往会对学习效果产生影响。因此，父母要对孩子的学习态度进行培养，当父母发现孩子的学习态度存在问题时，要及时帮助孩子进行调整，端正学习态度，只有这样父母的陪伴才更加有意义。

对于孩子来讲，很多时候孩子在学习中表现出来的问题，归根结底是学习态度的问题。有的父母抱怨孩子不会主动地去写作业，每天放学回家都是父母催促去学习才会进入学习状态，如果父母不督促学习，孩子则不学习。这种现象表明孩子在学习的过程中缺乏主动性，根本没有意识到学习的意义是什么。

孩子学习成绩的好坏其实很大程度上取决于学习的态度是否端正。父母需要培养孩子好的学习态度，就要在陪伴孩子的过程中，给予一定的思想启蒙。

在一所小学里，有一个出了名的班级，这个班级的学生都出现了偏科的问题。如果班主任是数学老师，那么全班同学的数学成绩都很棒；如果班主任是英语老师，那么全班同学的英语成绩都很棒，但是这不是一个好现象。一个学期结束，班主任换成了一位数学老师。这位数学老师讲课十分风趣幽默，他的课堂上总是能够出现笑声。孩子们喜欢数学老师的风趣幽默，再加上他教学经验丰富，很快，班级数学平均成绩就名列全校第一，然而其他学科的成绩却不佳。

身为数学老师的班主任在班会上问道："你们喜不喜欢学习数学？"

同学们异口同声地回答："喜欢。"

班主任紧接着问："你们为什么喜欢学数学？"

很多同学回答："因为您讲课有意思。"

班主任没有着急说话，而是沉默了一会儿问道："你们在为谁学习？"

同学们哑口无言。

班主任继续问道："你们是在为老师学习还是为父母学习？如果是在为老师学习，那老师早已将知识倒背如流，根本不需要你们再花时间学习。如果你们为父母学习，父母早已经学会了你们所学的知识。那么，你们到底是在为谁学习？"

班主任紧接着说："你们是在为自己学习。为自己学习就不应该是喜欢某个老师就学哪个学科，为自己学习的人要有自己的学习目标，而不是老师和父母夸几句就十分开心地学，受批评了几句，就拒绝学习。"

从这次班会之后，孩子们开始转变学习态度，偏科的情况也慢慢得到了改善。

作为老师，需要关注孩子的学习态度；作为父母，在家陪伴孩子学习，更应该注意孩子学习态度的培养和矫正。

1.培养孩子自主的学习态度

孩子如果出现"不愿意学习""学习拖沓"等情况，多半是因为孩子没有养成自主学习的态度。当孩子到了小学三年级之后，自主学习的习惯就应该养成，即无论父母是否督促学习，自己都应该知道要学什么。要是孩子进入四年级时，还不能自主进行学习，还需要父母强迫学习，父母就要反思了，孩子的学习态度是否正确。

孩子自主的学习态度，很大程度上是需要父母进行培养的。首先，孩子需要发自肺腑地知道"学习是为了谁"。其次，要让孩子对学习产生兴趣。学习兴趣的产生是十分艰难的，也是高级的，如果孩子对学习产生不了兴趣，起码要让孩子对学习产生"责任"，让孩子知道自己的责任就是学习，责任感也能够帮助孩子养成自主学习的态度。

2.培养孩子真诚的学习态度

真诚，不仅是对他人的态度，更是对自己的一种态度。当孩子能够真诚地对待学习、真诚地对待自己的内心，自然就知道自己哪些知识没有掌握牢固，哪些知识是自己的弱点，这对孩子进行自省是有很大帮助的。

3.培养孩子谦虚谨慎的学习态度

谦虚是为了让孩子明白"山外有山，人外有人"。无论自己的学习成绩如何优秀，总会出现比自己优秀的人。谦虚的孩子更善于发现自己学习的短处，从而弥补不足。谨慎的孩子在对待学习时，能够更认真、细心，而马虎大意往往是因为孩子缺乏谨慎的学习态度。

　　除了上述三点，还有很多优良的学习态度。父母要培养孩子好的学习态度，就要先帮助孩子发现自身学习态度的不足。只有这样，孩子才愿意接受父母的建议，端正学习态度。当孩子的学习态度得到改进，父母会发现孩子对知识的掌握能力也大大提高了，时间上的安排也会更加合理和科学。

　　聪明的父母善于从"根部"解决孩子的学习问题，而所谓的"根部"指的就是孩子的学习态度。

劳逸结合：父母主动给孩子"放假"

身为父母的你，不妨回想一下，你对孩子是否说过类似"学习这么长时间了，休息一会儿吧"这样的话。想必很多父母从来没有主动提出让孩子休息，因为父母总是认为这样做会打断孩子学习。

有些父母认为，只要孩子不提出休息，就证明孩子还不觉得疲倦。其实，很多时候孩子不敢提出要求"休息"，怕换来父母的责备。比如，一位小学生在家上网课，上了一节网课后，开始做这门课程的作业，做完之后，第二节网课又开始了，这样连接起来的学习时间明显超过了两个小时。作为父母如果不懂得让孩子"劳逸结合"，肯定会催促孩子继续学习，但是，这样的学习效果并不佳。

那么在孩子的日常学习过程中，父母要在哪些情况下主动提出让孩子休息呢？

1.学习时长超过一个小时

对于孩子来讲，学习时间超过一个小时，大脑就会出现疲劳感，此时，父母可以提议孩子做短暂的休息。休息时间可以让孩子去户外散散步，也可以让孩子在家里做做伸展运动。但是，休息时间尽量避开手机、电脑等电子产品，这些对孩子的眼睛会产生伤害。

2.孩子学习时出现无法专心的状态

孩子在学习过程中，如果总是走神，注意力没办法集中，那么这个时候父母不妨让孩子先脱离学习状态，做短暂的休息调整。孩子的大脑经过休息之后，再进入学习状态就能够更加专心了。

3.孩子出现眼疲劳的时候

我们知道，当孩子用眼过度的时候，就会出现揉眼睛等现象。当父母发现孩子开始揉眼睛或者是打哈欠的时候，一定要让孩子进行休息。这些动作已经表明，孩子的大脑出现了疲劳，甚至缺氧的状态。只有让孩子的大脑得到放松，才能够让孩子以更好的状态进行学习。

4.孩子遇到了难题，多次尝试无果

孩子在学习中遇到难题，但是经过长时间、多次尝试之后，仍然得不到正确的答案。面对这种情况，父母不妨先让孩子进行短暂的休息，让孩子的大脑得到放松，这样才有利于帮孩子转换思路，从而找到通往正确方向的道路。

父母不愿意主动提出让孩子休息，往往是害怕孩子一旦进入休息状态，就无法再次认真投入学习。父母完全可以给孩子设定休息时间，就如同孩子在学校上课，一般是学习40—45分钟，就会有一个10—15分钟的课间休息时间。父母也可以给孩子进行这样的时间设定，这样做能够帮助孩子以最佳的状态投入学习。

王一佳是一名六年级学生，他在班里年年考第一名。很多父母都很想知道他为什么能够学习得这么好。

王一佳的妈妈回答说："王一佳也是一个普通的孩子，智商肯定不比别人高多少。只是每天放学回家，我们让王一佳按照在学校上课的习惯，每学习40分钟就休息10分钟，这样一来，孩子一般用两个40分钟，就能够做完所有的作业。当然，有时候，他学习到了40分钟，还是不想停下来，那么我就会主动要求他休息一会儿，因为他可能在40分钟的时候不觉得累，但是到了50分钟就会觉得累了。不要等到孩子觉得累了再进行休息，这样不利于孩子对知识的掌握。"

听了王一佳妈妈的话，我们不难看出，孩子的学习要有规律可讲，而规律包括生理规律，孩子的注意力集中时长可能就40分钟，而父母却让孩子连续学习两个小时，那么在后面的一个多小时里，孩子的注意力肯定是不能集中的。

每个父母都希望自己的孩子能够一口气完成作业，但是，孩子的大脑是会疲劳的。即便不考虑孩子的大脑疲劳，也要考虑孩子的眼睛疲劳。聪明的父母会按照孩子的学习习惯，适当的时候提议孩子进行休息，这样能够帮助孩子更好地进入学习状态，从而将知识掌握得更加牢固。

帮孩子建立好的学习作风

在生活中，父母很少会对孩子讲"作风"问题，因为很多父母也不知道孩子在学习中会涉及哪些学习作风问题。

好的学习作风，不但对孩子的学习有帮助，还是孩子好品格、高素质的外在表现。

在一个新闻网上有这样一则报道：

一个上了初二的男孩儿跳河自杀。

为什么这个孩子会做出这样偏激的行为呢？原来，这个孩子在班里的学习成绩一直不好，父母则要求孩子在期末考试时，成绩有所长进。待考试成绩出来以后，成绩还是不好，为了能够避免父母的责骂，孩子选择"改分数"。不仅如此，在家长会结束之后，老师告诉其父母，这个孩子在平日的学习里频繁抄袭别人的作业，考试中还出现了作弊行为。

这两件事情加在一起，让父母十分生气。回到家，爸爸与其发生争执，然后打了他一巴掌，他就生气地跑了出来，还跑到河边，因为一时想不开选择寻死。

对于这件事情，我们不难看出，这个孩子在学习作风方面存在很大的问题。先不说父母对待其犯错的方式是否正确，单单就从孩子的学习作风来讲，他不仅欺瞒父母，还在学习中欺骗老师。那么，作为父母，在日常生活中，如何帮孩子建立好的学习作风呢？

1.荣辱感教育

无论是大人还是孩子，都要有一定的荣辱感，即让孩子知道什么样的行为是光荣的，什么样的行为是耻辱的。

这不仅是在民族大义问题上，在学习作风中也是需要体现的。比如，让孩子知道抄袭他人作业是一种耻辱的行为，这种行为会引发老师的不满，不仅如此，还会引发其他同学对自己的嘲笑。

再比如，让孩子知道经过自己的努力哪怕获得一分的成绩，也是值得表扬的，而不加以努力、投机取巧获得一百分的成绩，也是羞耻的。

2.责任感教育

每个人都有自己的责任所在。作为父母，责任是培养孩子，让孩子受到好的教育。而对于孩子，责任就是尽自己所能学习好。

父母要给孩子进行责任的灌输，让孩子知道学习不仅是个人的事情，更是责任。孩子要对自己负责任，就要努力去学习。即便所获得的成绩不是第一名，但是要做到百分之百努力。

3.自豪感教育

自豪感不是提倡孩子骄傲，而是要孩子为自己的努力感到自豪。当一个孩子对自己的学习感到自豪，那么他的学习一定是认真的、勤勉的。因此，父母要培养孩子的自豪感，让孩子知道如何做才能够获得来自学习的自豪感。

我们会发现这样一个规律，比如，一个孩子的数学成绩特别突出，经常因此获得别人的夸赞，那么，这个孩子在数学方面的表现就会越发地好、成绩越发地突出。这就是因为孩子从数学学习中感受到了自豪感——面对别人的夸奖，他会觉得十分自豪。因此，在数学学习中，他往往会更加认真和刻苦。

每个孩子在学习过程中，都需要父母为其树立好作风的榜样。因此，父母在教育孩子的过程中，不应该只关注孩子的成绩，也应该关注孩子的学习作风是否端正。如果一个孩子没有好的学习作风，可想而知，其学习成绩也不会优秀。

父母陪伴孩子学习，不只是陪伴孩子做一道题、两道题，而是陪伴孩子获得学习提升的方法与技巧。孩子拥有了好的学习作风，就如同自己拥有了好的学习习惯和技巧，学习起来便会事半功倍。

相信孩子，孩子会更加自信

大人们经常会讲一个词——信任，希望获得朋友的信任、上司的信任，等等。而孩子呢？他们也需要得到父母的信任。然而，很多父母总是抱着怀疑的态度对待孩子，他们相信别人家的孩子，却不信任自己的孩子，这是一种很奇怪的现象。

作为父母，如果连你们都不相信自己的孩子，恐怕老师、同学也不会相信他。当孩子感受不到来自父母的信任时，他们的内心是崩溃的，甚至是无助的，这样一来，孩子很容易产生自卑的情绪，也很容易在自卑中失去斗志。

聪明的父母在陪伴孩子的时候，总是将孩子的自信心培养放在第一位，而自信心培养的第一步则是要让孩子知道，父母是信任孩子的。

朵儿在四年级期中考试时，因为肺炎住院了，没有参加考试。爸爸为了能够对孩子的成绩有个了解，便去学校将试卷带回家里，待孩子病好出院之后，他安

236

排孩子进行了自测。

朵儿平时的考试成绩处在班里的中游，那么在家考试，孩子是否会作弊呢？他本来打算"监考"，但是想了想，又觉得应该给孩子一次锻炼自己的机会。于是，他拿着试卷走到朵儿房间说道："现在是八点半，一个半小时之后，也就是十点，语文考试结束。你这屋里有时钟，到点之后你就把试卷交给我。"说完，他走出房间。

很快，九点半到了，朵儿走出房间，将试卷交给了爸爸，然后开心地去玩游戏了。爸爸走进朵儿的房间，发现她的书包一直在角落，没有动过的迹象。爸爸再看了下试卷答案，比平时考试略好一点，进步不大，但是爸爸非常开心看到朵儿的表现。

爸爸相信朵儿肯定没有作弊，接下来的几门科目，他以同样的方式让孩子考试，而且孩子每次都按时交卷，答卷也很清晰。

朵儿爸爸选择相信孩子不会作弊，而朵儿也没有辜负爸爸对她的信任，独立地完成了考试。在生活中，我们总是希望孩子能够掌握所有的知识，同时也会怀疑孩子是不是真的掌握了，其实，很多时候，父母的怀疑，孩子是能够感知到的。

那么，当父母表现出对孩子信任之后，对孩子的学习及成长都有哪些好处呢？

1.相信孩子，能够激发孩子的上进心

父母相信孩子，孩子就会无形中有一种感觉：爸爸妈妈相信我，我不能让他们失望。因此，孩子会更加上进，甚至会主动学习，刻苦学习，为了让父母觉得自己是值得相信的。因此，"信任"对培养孩子的自主学习是十分关键的。

一位爸爸为了激励孩子学习，便答应孩子只要在期末考试中，他能够考取全班前十名，便带他去国外旅游。孩子平时的成绩在班上是中等，要考取全班前十名似乎难度有点大。

有天晚上，妈妈走进孩子房间时，看到孩子有些不高兴，便问起了原因。孩子回答道："考取全班前十名，这个目标太大了，看来我今年是没办法去旅游了。"

听了孩子的话，妈妈笑着说道："距离期末考试还有两个月时间，我怎么觉得这对你来说不是问题呢？妈妈相信，只要你付出了足够的努力，别说全班前十名，就是前五名，也是有可能的。"

孩子用怀疑的眼神看着妈妈，问道："妈妈，您真的觉得我可以做到？"

"当然，不但我相信你可以的，爸爸也相信你可以的。不然，他怎么会给你定这个目标呢？"妈妈坚定地回答道。

听了妈妈的话，孩子开心地笑了起来。经过两个月刻苦的学习，他的期末考试成绩出来之后，真如妈妈所料，考了全班第八名。

2.对孩子表达信任，孩子得到正面的心理暗示

我们都知道，心理暗示的作用是很大的。当一个人不断地给自己"失败"的心理暗示，那么他便很容易失败。而一个人如果经常给自己心理暗示"我能行"，那么他在困难中也会表现出很强的斗志。同样地，对待孩子也是如此，当父母不断地表达出对孩子的信任时，孩子也会给自己积极的心理暗示，从而能够克服学习中遇到的困难，坚定学习的信心。

3.父母相信孩子，是帮助孩子建立自信心的关键一步

有些孩子表现出自卑的状态，探究其原因，就会发现，这样的孩子很少得到父母的信任，父母总是怀疑他们的一切行为。

而一个自信的孩子，他们的父母往往会对他们表现出信任。因此，父母表达出对孩子的信任，其实就是一种帮助孩子建立自信的过程。孩子一旦拥有了自信心，那么在学习中无论遇到了怎样的难题，都会勇敢地去面对。即便是学习成绩出现了波动，他们也会尽快调整自己的学习状态，让自己的成绩尽快稳定下来。

每个人都需要来自他人的信任。如果一个人感受不到最亲密的人给予的信任，那么他的生活是无助的，甚至是悲哀的。作为孩子，他们的内心往往是脆弱的，此时，父母更应该相信孩子。

即便孩子的学习成绩不如意，也不要将孩子的努力全盘否定。当孩子感受到来自父母的信任，这无形中会成为一股很强的力量，让孩子更加有勇气去面对学习中的压力和困苦。

所谓有效的陪伴，就是要帮助孩子建立对学习的自信。只有建立了自信，孩子才能够更好地去学习。

男儿怕软不怕硬

有的父母会抱怨说："我儿子的脾气特别犟，让做什么偏偏不做什么。"父母口中所说的"犟"，其实是男孩儿惯有的一种性格特征。即孩子有自己的思想观点和判断，乐于坚持自己的观点，而不希望发生改变。

在学习中，很多男孩儿有自己的学习习惯和学习态度，父母又希望孩子有所改变，但是往往无法说服孩子。其实，对待"犟"男孩儿，父母要做的不是"以暴制暴"，也不是"强行逼迫"。

如果父母想要让"犟"孩子按照自己的建议进行学习时，不妨按照以下方法进行：

1.父母先"示弱"

当孩子认为自己的做法是正确的，然而父母明显知道孩子的做法存在不合理之处的时候，父母可以找到孩子做法的可取之处入手，然后跟孩子进行分析。

"孩子，你这样做也是一种方法，也能够达到完成作业的目的，"父母可以用类似的话让孩子的心情先平复下来，然后再讲孩子的所作所为有何不妥，"但是呢，你这样做不利于你自己对知识点进行全面的记忆。"用这种交流方法，能够更好地让孩子接受父母的建议和意见。

2.用比较委婉的语言沟通

对待男孩儿，父母不要用太过直白的语言，也不要大声呵斥孩子。

240

当孩子做错题或者是做错事情之后，父母可以选择用委婉的方式来表达出自己的建议。这样的话，孩子往往比较容易接受。

　　"孩子，如果爸爸在工作的时候，遇到不会的工作就不去做，那么你觉得老板会给爸爸发工资吗？同样地，如果你在学习中，遇到不会做的题目就知道空着不做，那么考试的时候，老师会给你高分吗？"这样委婉的交流方式，能够让孩子更愿意去接受父母的教育观点。

3.就事论事，不要直指孩子

　　有的时候孩子犯错可能是不经意的，父母在批评孩子做错事情或者是做错题之后，首先要做的是对事情进行分析，而不是吼骂孩子。一位爸爸冲着男孩儿嚷道："你看你做的题，这么简单的题都做不对，你真是笨死了。"本来爸爸只是想要表达"这么简单的题，不应该做错"。但是这位爸爸这么粗鲁的表达方式，往往会让孩子变得更抗拒。

　　对待男孩儿，父母除了要付出更多的耐心之外，更重要的是要注意交流方式。父母要让孩子愿意接受自己的建议，就要学会委婉地与孩子进行沟通。不能强迫孩子按照自己的方法去学习，更不能逼迫孩子学习。"晓之以理，动之以情"的方法，有助于让孩子接受父母的建议。

女儿要信不要疑

作为父母，你是否怀疑过孩子说谎？换句话说，在学习这件事情上，大部分父母都会怀疑孩子。但是父母不信任孩子，总是怀疑孩子，这不仅会影响孩子与父母的感情，还会让孩子觉得十分无助。因为孩子会想父母作为我最亲密的人，都不相信我，那又有谁能相信我呢？

女孩儿的情感多半比较敏感。作为父母，应该意识到这一点，在对女孩儿的教育过程中，父母要给予孩子充足的信任。无论孩子做得对与错，父母都要相信孩子有能力将事情做好。

1.父母不要去质疑孩子的学习积极性

一个女孩儿对妈妈说："妈妈，我要先写作业，写完作业再吃饭。"

妈妈却说："你是想赶快写完作业，然后去找小红玩吧？"

显然，孩子主动提出写作业是一件好事，即便父母怀疑孩子是为了获得更多与伙伴玩耍的时间，也不应该这样直接表达出自己的质疑。这样的质疑声往往会打消孩子的学习积极性。

2.父母不要质疑孩子的品格

父母应该是最了解孩子的人。有些父母怀疑孩子在学习过程中，会出现不诚实的情况，甚至有些父母会直接怒吼孩子："这道题你真的会做吗？你没有抄答案吧？"这样的话往往会让孩子觉得心寒。

3.父母不要质疑孩子的努力

当孩子努力去学习的时候，父母要鼓励孩子学习，而不是用怀疑的心态去看待这件事情。有的父母看到孩子主动努力地去学习，便怀疑地问道："你是不是又想多要零花钱？"这些话往往会让孩子觉得失望。

父母要充分信任自己的孩子，尤其是女孩儿，父母更应该多给予信任。当父母信任孩子时，孩子不但能够感受到来自父母的爱，更能够变得自主和独立。

孩子的潜力是无限大的，当父母相信孩子能够学习好，孩子得到了父母的支持和肯定，便会更努力地学习。因此，聪明的父母不应去质疑孩子，而应选择相信孩子。

后记

陪伴教育是一门学问。很多父母意识不到陪伴教育究竟有什么技巧可讲，但是通过陪伴孩子做作业这件事情，能够让父母自检教育方式是否正确，孩子的学习态度和习惯是否科学。

对于一个家庭来讲，孩子的学习是头等大事。孩子是否能高效地完成作业、认真地进行学习，似乎成为这个家庭的核心问题。在育儿的道路上没有捷径可走，但是这并不意味着没有方法可循。本书的所有内容都是为了帮助仍然在"咆哮"中陪伴孩子写作业的父母，能够少一些暴躁和无奈，多一些方法与技巧。

爱玩耍是孩子的天性，正因为这点，让很多父母将孩子的学业不精归因于"贪玩"。其实，这只能算是一个小小的原因。学霸同样爱玩，但学霸仍然是学霸。因此，"贪玩"不能成为父母责备孩子不认真学习的全部理由。

高效陪伴孩子写作业是父母应该学会的教育技巧。同样，通过高效陪伴孩子学习，父母也可以帮助孩子养成自律、自主的学习习惯。当孩子发自内心地认为学习是"自己的事儿"时，父母就不用时刻督促孩子写作业，更不用坐在孩子旁边盯着孩子完成作业。

本书没有深奥、乏味的理论，更多的是现实中会发生的"情景案例"和通俗易懂的技巧分析。笔者不奢望父母能够全盘吸收高效陪伴教育的内涵，只希望能够帮助父母了解孩子的真实心理与问题诱因，然后让父母有方法去应对孩子在学习中出现的状况，让孩子更愿意主动地说出"我要认真写作业"这句话。